発達障害・グレーゾーンの

あの人の行動が変わる言い方・接し方事典

監修　宮尾益知　滝口のぞみ

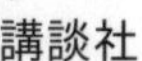

講談社

はじめに

マンガ家の
野波ツナです。

私の夫
アキラさんには
発達障害があります。

アキラさん

結婚16年目に
夫がＡＳＤ*であることが
わかりました。

その日から私は
発達障害について
理解し対応しようと
努力を始めましたが
なかなかうまくいかず
悩むばかりでした。

＊ASD＝自閉スペクトラム症。以前はアスペルガー症候群などの名称で呼ばれていた。

今思えば当時の私は
「ＡＳＤ」「発達障害」という
名称にとらわれすぎでした。

そうではなく
目の前の夫の特性を知り
彼に伝わる言葉・表情を
使うだけでよかったのです、
きっと。

この本は過去の私と似た悩みを
抱える人のために書きました。

個性的すぎる「あの人」を前に
どうすればいいか困ったら
読んでみてください。

ほんの一言・ひと手間で
行動が変わっていくかも
しれません！

発達障害がある人――具体的にはＡＳＤ、ＡＤＨＤ（注意欠如・多動症）がある人――と親しく接した経験のある方は、きっと、

〈何を言っても伝わらない、聞いてくれない。どうすればいいんだ〉

〈○○するのは控えてほしいのに、言っても取り合ってくれない〉

というふうに悩み、困った経験が、少なからずあるのではないでしょうか。

かつての私がそうでした。ＡＳＤがある夫・アキラさんとの生活は、問題だらけでとても大変だったのです。その詳細は「旦那さんはアスペルガー」シリーズ（コスミック出版、全8冊）に描きましたが、このシリーズを制作するなかで、私にはいろいろな〝収穫〟がありました。

まず、発達障害の専門家である宮尾益知先生、滝口のぞみ先生と出会い、くり返し取材させていただき、実生活に役立つさまざまな知恵を授けていただきました。

出版後は講師として講演に招かれることが増え、多くの「仲間」と接する機会に恵まれました。メールやブログのメッセージ機能を通じて見知らぬ人から、

「こんな人がいるけど、どうすればいいでしょうか？」

という相談も受けました。専門家ではない私にできるアドバイスは限られたものでしたが、それでも「効き目がありました！」と喜びの声をもらうこともありました。

この本は、そんなふうにいろいろな人たちと対話するなかで私が得た学びと、夫との生活体験をもとに描いた実用書です。〈ああしておけばよかった〉と後悔する出来事もあれば、どうすべきか気づいていたのに、当時は日々の生活に追われてできなかったこともあります。そういった失敗体験から得た教訓も盛り込みました。

本書では、診断の有無にかかわらず、発達障害っぽい特性がある人を「あの人」と呼びます。冒頭のご挨拶でも書きましたが、大事なのは目の前の人に合わせた接し方であり、発達障害とかＡＳＤなどの言葉にとらわれすぎてはいけないと思うからです。また、年齢・性別にとらわれず読んでもらえるよう、本編は動物のキャラクターにしました。

一口に「あの人」と言っても、アキラさんのように穏やかな人から、気性がひどく荒い人まで、いろいろな性格の人がいます。なかには人間関係がすっかりこじれて、たとえば家庭でＤＶやハラスメントなどに陥っているケースもあると聞きます。そのような深刻な問題を解決する策は、残念ながら私には提案できません。

しかし、無愛想でも、落ち着きがなくても、気性が比較的穏やかな人には効果が期待できる方法を、できるだけたくさん集めました。こじれがちな「あの人」と人間関係をつくるうえで、きっと役立つヒントになると思います。

なお、紹介する知恵がどのタイプの人に有効かを示す目安を本文中の「この人に↓」欄に記してあります。あくまで私の意見ですが、参考にしてください。

「あの人」の行動を変えるのは簡単ではありません。変わるのに長い時間がかかることもあります。でも、不可能ではないのです。この本のなかから使えそうな方法を見つけて、無理なく試してもらえると嬉しいです。

監修の宮尾先生、滝口先生からは多くの有益な助言をいただきました。それらは「プロの視点」として本文のなかに盛り込んであります。ぜひ参考にしてください。

宮尾益知
先生

滝口のぞみ
先生

発達障害・グレーゾーンの　あの人の行動が変わる言い方・接し方事典／目次

第1章　知っておきたい「あの人」の特徴

第2章
「あの人」を動かすための基本戦略

第3章

職場の「あの人」を動かす言い方・接し方

第4章

家庭の「あの人」を動かす言い方・接し方

第5章 「あの人」と話し合うときの心得

第6章 話し合いを成功に導くテクニック

第7章

がんばっている「あなた」へのヒント

プロの視点

ブックデザイン　山原 望
編集・執筆協力　七七舎（北川郁子、森 祐子）
DTP　朝日メディアインターナショナル

キャラクター紹介

シマオタイプ

おとなしくて
受け身。
自分の意見が
あまりない

パートナー

クロベエタイプ

落ち着きがなく、
衝動的で
うっかり屋、
かつ忘れっぽい。
言い訳も多い

パートナー

フサヒコタイプ

無口で無愛想。
ちょっと強引で
イライラしやすい

パートナー

同僚・上司

第1章

知っておきたい「あの人」の特徴

不安になりやすい

過去の失敗体験が気持ちを不安定にする

何よりもまず、「あの人」は不安を感じやすいということを知っておいてください。

とりわけ**「突発的な出来事」**や**「なじみのない環境」には弱い**傾向があります。

なぜかというと、「見通しを立てる」「文脈を読み取る」、そしてこれは後で書きますが、「他者の立場からものを考える」といったことが苦手なためです。

苦手が多い「あの人」は、たいてい過去に、

・人とのコミュニケーションがうまくいかずトラブルになった

・人間関係で何度もつまずいたことがある

といった経験をしていてトラウマを抱えているので取り乱しやすいわけです。

急な変更、突然の要望などはとくに苦手です。強い不安感に襲われて**「押し黙ってフリーズ」**とか、逆に**「イラつく・怒る」「むやみに拒絶的になる」**といった反応をしてしまうことがあります。

すぐに忘れちゃう

忘れっぽい原因はそう単純ではない

「あの人」が忘れっぽいのはなぜなのか、監修の宮尾先生にお尋ねしたところ、おもに次の2つの原因があると教えていただきました。

①ワーキングメモリ（短期記憶）が弱い

ワーキングメモリとは、「今・ここ」で必要な情報を一時的に覚えておく力のことです。

この力が弱い、言い換えるとメモリの〝容量〟が小さい「あの人」は、イラストのように**新しい情報（B）が入ってくると、もとあった情報（A）がスッポリ抜けてしまう**ことがあります。とくにADHD傾向がある人によくみられる特性だそうです。

②その情報が必要なものだと感じていない

ＡＳＤ（自閉スペクトラム症）の傾向がある人には、

・目から入る情報はよく覚えているが、耳から入る情報は頭から抜けやすい

・今のことに意識がとらわれやすく、同時に他者への関心は薄いので、頼まれたことは「いらない情報」として失われやすい

という特性があるそうです。ここに「他者の立場にたって共感したり、事情を推測したりするのが苦手」（次節参照）という特性が加わると、次のようなことが起こります。

私たちが誰かに頼みごとをするときは、口頭で頼むことが多いですが、たとえば「あの人」に「洗剤を買ってきて」と口頭でお願いすると、特性のため情報が頭から抜けてしまったり、スーパーに着いたら別のことに注意が向いて洗剤が目に入らなくなったりするのです。

このように、「あの人」が忘れっぽい原因はいろいろで、本人にも周囲にも簡単には解決できません。覚えておいてほしいことがある場合は、「ぜったい忘れないで！」と強く言うよりも、何か別の工夫をしたほうがいいようです。

●「洗剤を買ってきて」と要望

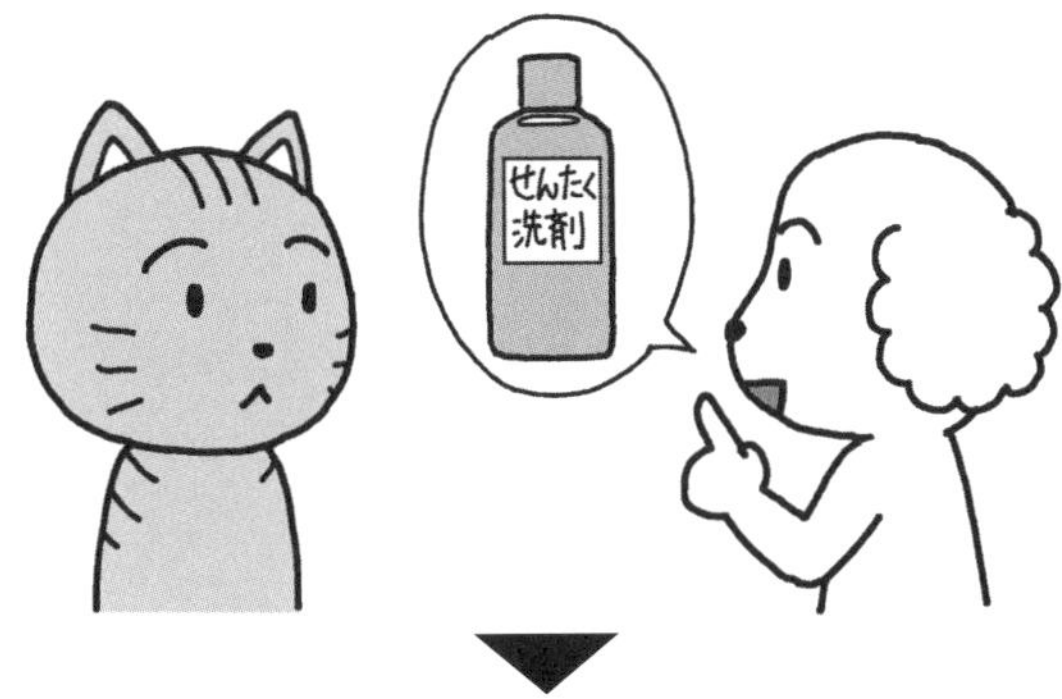

●耳から入った情報は頭から抜けやすい

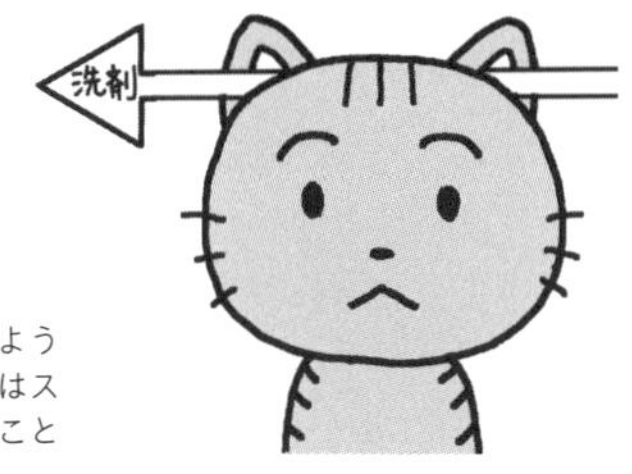

聞いているように見えて実はスルーということも……

●今のことに意識がとらわれる

頼まれたことは自分に必要ない情報として忘れられやすい

他者の立場にたつのが苦手

他者への関心が薄く視線にも鈍感

他者に鈍感な「あの人」はめずらしくありません。

イラストのように同行者が荷物を抱えて困っていても、視界に入っていないと、相手がどんな状態で、自分が何をすればいいかわかりません（見えていてもわからない、という場合すらあります）。

他の人が思っていることや、周囲から注がれる視線に対する〝感度〟もかなり低めです。他者の立場にたって考えたり、意図を推察するのが苦手なうえ、「他の人はどう思うだろう」と推測する意識も希薄なので、つい自分の価値観だけで行動しがちになります。だから周囲から「空気が読めない」「気遣いがない」と批判されてしまうことが多くなるわけです。

立場に対する自覚が芽生えにくいという問題もあります。他者の視線に鈍感なので、自分が「夫として／妻として」、あるいは「社会人として」見られているという意識が持てず、ふさわしい振る舞いができないこともあります。

判断は「白か黒」。中間はない

敵でも味方でもない人は、いわば「モブ（その他大勢)」として関心の外に置かれる

物事の捉え方が両極端になりやすい

「あの人」は、何事も二元論で判断する傾向があります。

「いい／悪い」「好き／嫌い」「0点／100点」で判断しがちで、「ほどほど」「この仕事の出来は60点」「まあいいか」といった、**中間の評価がなかなかできません。**

人間関係もそうで、無意識のうちに周囲を「敵」と「味方」に分けて見ていることが少なくありません。加えて「あの人」には、こんな傾向もあります。

・味方に裏切られたと感じたら、すぐに敵として認定する（味方↓敵への変化はある）

・「敵」認定された人が好意を示しても敵のまま（敵↓味方への変化はない）

「味方の言うことは聞くが、敵の言うことには反発する」というのも、「あの人」にはよくあるパターン。なので、周囲の人は敵にならないように気をつけたいところです。

しかし、諫（いさ）めたり止めたりする立場の人（たとえば配偶者や直属の上司など）は、**どんなに「あの人」のためを考えていても「敵」認定されやすい**のが難しいところです。

目に見えて釣り合ってないとイヤ

目に見える均衡を求めている

目で見たり耳で聞いたりしてハッキリ「均等だ」と実感できないと、〈損した〉と思ってなかなか納得できないのも「あの人」の特徴です。

たとえば同じ内容の仕事をしたのに、Aさん（新入社員）は高く評価され、Bさん（中堅社員）はとくに何も言われない……ということが往々にしてあります。

Aさん、Bさんはそれぞれ立場が異なるので、評価が違うのは当たり前なのですが、**出来事の背景など、目に見えない部分を理解するのが苦手な「あの人」には、そこがわかりません。**だからイラストのように、事情を考えず物申すことがあるわけです。

ときどき、「ミスをしたら罰金！」などのように、ペナルティを科して「あの人」の行動を矯正しようとする人がいます。アイデアは悪くないのですが、**「あの人」はあなた自身にもルールを守るよう厳格に要求してくることがある**ので、気をつけたほうがいいでしょう。「あの人」はそういうところでも釣り合いには敏感です。

原動力は「納得」「利得」

「説得」より「利得」で「納得」しやすい

「あの人」の行動を後押しするのは、意味のあるゴールです。ここで言う「意味のあるゴール」とは、「あの人」の利得につながり、本人が納得して追求できる目的のことです。自分が得をしそうなことは誰だってやりたくなるもので、そこは万人共通ですが、もうひとつ「あの人」と関わるとき**忘れてはならないのが「納得」**です。

納得しなければ、たとえ規則として定められたことであっても「あの人」はなかなか従ってくれません。従ったとしても「渋々」「嫌々」なので、不満を抱えることになります。すでに書きましたが、自分の立場に対する自覚が芽生えにくいのが、「あの人」の特徴でした。自覚がなく、他者の立場にたつのも苦手だから、「あの人」には周囲の説得が受け入れがたく聞こえるのです。

粘り強く説得するのもいいですが、うまくいかないときは**目的を伝えて本人の「納得」を引き出し、「利得」で誘導することも試しましょう。**「あの人」に何かをしてもらいたいのなら、そのほうが手っ取り早いこともあるようです。

「ながら作業」はできません

複数の対象に意識を振り分けるのが苦手

「ラジオを聞きながら勉強」「電話で話しながらメモ」などの「ながら作業」は、とりわけワーキングメモリの容量が小さめな「あの人」には難しい作業です。

ところが私たちは日常生活のなかで、その苦手な作業をついうっかり「あの人」にさせてしまうことがあります。たとえば、

・運転中の「あの人」に話しかける
・じっとテレビを見ている「あの人」に話しかける

などがそう。些細なことのようですが、これらは「ながら作業」(運転しながら話す、テレビを見ながら話す)を強いるようなものなので「あの人」を混乱させます。

声をかけただけで「あの人」が激怒したという話をよく聞きますが、原因はその「ながら作業」によって起こる混乱にあることも多いようです。

一つの対象から別の対象へと注意を切り替えるのも得意ではないので、「あの人」にはできるだけ「今している一つのこと」だけに集中できるよう配慮する必要があります。

外では「普通」でも家では「困ったさん」

目的や目標の不明瞭さと疲労が原因

仕事ができて人付き合いも上手なのに、自宅では一転して家事もせず子育てにも関わらない「困ったさん」になってしまう「あの人」の話をよく聞きます。

そのギャップに「まるで別人」と困惑する家族も多いのですが、監修の宮尾先生、滝口先生によると、どうやら次のことが原因となっているようです。

たとえば会社でする仕事の目的は明確で、誰もが「成果」や「給与」などを目指して働いています。ところが、**家事や育児の目的は不明瞭になりやすく、だから「納得」「利得」に動かされやすい「あの人」は何もしなくなる**のです（この章の6を参照）。

疲れている、という事情もあります。「あの人」は、社会のなかでは周囲に合わせる〝外モード〟で行動します。**帰宅する頃にはヘトヘトで、家族らしく振る舞う余力が残っていません。**だから特性全開の〝自分モード〟で過ごして疲れをとろうとします。

一人暮らしならそれでもいいのですが、家族がいる場合はパートナーや子どもから「自己中心的」と責められることになるので困りものです。

Q. 休日は何をしたいですか？

第2章

「あの人」を動かすための基本戦略

✕ NG指令でやめさせる

○「〜して」と肯定的な「OK指令」で伝える

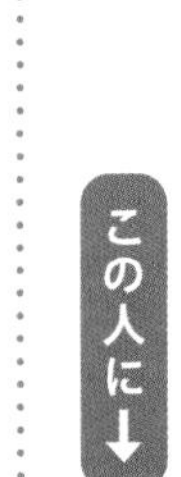

上着をここに置かないで

いつも言ってるでしょ

そこもやめて

もやもや

何をしても文句言われる

何度言っても聞いてくれない

理由とともに肯定文で伝えよう

シワになるからハンガーにかけてクローゼットにしまって

あの人の気持ち

ダメと言われたから、自分なりに考えて
よさそうなところを選んだだけなのに…

そもそも、ただ禁止されると
何をすればいいかわからなくなる。
「正解」がないのは混乱するよ

「～するな」と禁止されると、
行き場をなくしたように感じて混乱するのです

否定・禁止の表現はトラブルのもと

「あの人」が何か余計なことをしていたり、40ページのマンガのように邪魔になる場所に何かを置いていたとします。すると私たちはつい、

「○○しないで」

「そこに置かないで」

と、行動を制止する表現を使ってしまいがちです。

しかし、ダメなことを伝える「NG指令」は、かえって事態を悪化させることがあります。たとえば「あの人」が、

・制止された行動にかえって意識が向いてしまい、NG行動をまたくり返す

・別の場所に物を置こうとして、また注意される

なんてことになる場合もあるのです。

そもそもNG指令は言葉も強いし、高圧的に響くので印象もよくありません。なかには指示されただけで怒り出す短気な人もいるはずです。

そう考えると、できるだけ避けたほうがいい表現ということになりますが、ではどうすればいいでしょうか。

肯定文で選択肢をいくつか用意するといい

「あの人」の行動を制止したいなら、代わりに何をすればよいかを肯定文で伝えることをおすすめします。たとえば、

「上着はハンガーにかけて」

「クローゼットに入れてください」

というふうに、**より望ましい行動を、こちらから「あの人」に提示することです。**

「玄関のハンガーにかけておくか、クローゼットにしまうか、どちらかにしてね」

というふうに、**選択肢を2つほど用意して「あの人」に選ばせるのもおすすめです。**

どうするかを「自分で決めた」という感覚が得られれば、指示されたことからくる不満が「あの人」に残ることもないでしょう。

×曖昧な「なるべく早く」
○「数字」で期限を具体的に

手が空いてるときにこの書類書いておいて

わかった

その後――

まだ書いてないの!?

だって手が空かなかったから

スマホ見てただけじゃない!

期限を明確にしよう

5時までに書いてね買い物に行くとき投函したいから

あの人の気持ち

自分はゲームで忙しくて、ずっと
「手がふさがってる」認識だったな

期限があるなら
最初からハッキリ言えばいいのに。
一方的に怒るのは理不尽じゃない!?

誰だって、つい自分の都合を優先しがちです。
怒らずに伝え方を見直してみましょう

曖昧な言葉は感覚のズレを埋められない

「適当なところで切り上げて」
「なるべく早くお願いします」
「ちょっと待ってて」

こんな表現を使ってしまうことが私たちにはよくあります。でも、**どこまでやれば「適当」なのか、何分が「ちょっと」なのかを決めるのは、言われた側の感覚しだいです。**

言った「あなた」と言われた「あの人」の間で、感覚が常に一致するとは限りません。しっかり頼んでおいたはずなのに、「あの人」はちっともやってくれなかった……というトラブルは、そんな些細(ささい)なすれ違いから起こっている可能性があります。

「あの人」を責める前に、すれ違いをなくす工夫をしたほうがよさそうです。

優先順位とタイミングが明確にわかるようにする

感覚のズレを埋め、すれ違いをなくす最良の方法は、具体的に伝えることです。

「3時までに切り上げてね」
「5月10日までに済ませてください」
「5分待っててもらえる？」

など、**数字で明確に期限を示したほうが、トラブルは起きにくくなります。**

「昼の12時までに仕上げて、私にメールで送ってください」と段取りを伝えたり、「朝、トイレを使ったらこれで掃除してね」と言いながら掃除道具の実物を見せる（渡す）ところまで具体的に示せれば、もっと確実になります。

「なぜ」をハッキリさせて伝えよう

理由を明確にするとなおいいと思います。頼む側の都合を強調するのではなく、「4時までにこの作業を終わらせてね。そうすれば定時より早く帰れるよ」など、「あの人」にとってのメリットが明確にわかる理由だとベストです。利得が行動の原動力になることを念頭に置いておきましょう。

○要望は何でも必ず「言語化」

ママー!!
ママー!!
ちょっと待って!
わっ!大変!!
ブシューッ

イラ
イラ
この忙しいときにのんびりテレビなんか見てる!

ちょっとは手伝ってよ!!
エッ

怒るより冷静に用件を伝えてみよう
夕飯つくるから子どもと遊んでて
そうしたら早くできるから

あの人の気持ち

してほしいことがあるなんて気づかなかった。
頼めばいいのに、怒るなんておかしいよ！
パートナー
忙しそうにしてるんだから
察して自発的に手伝うのが
大人として当然の思いやり！

両者の思いはこんなふうに食い違っています。
このギャップを埋めなければいけません

態度で伝わることはない

たとえば忙しいとき、状況を察して手伝ってくれる人がいたら嬉しいものです。

でも、「察する」のは、どんな人にもそう簡単にできることではありません。他人の気持ちや欲求をくみ取るのが苦手な「あの人」にとっては至難の業（わざ）――。

とりわけ48ページのマンガのように、「あの人」が背を向けて何かに夢中になっている場合は、視界に入らないぶん、あなたの様子にはなおさら気づきにくくなります。**目に見えていないものは、「ない」も同然**になってしまうのです。

そんな特性がある「あの人」に、「察する」「気を回す」ことを期待しても、かなわないことのほうが多くなります。

すべきこと・してほしいことがあるなら、

「子どもと遊んでて」

「テーブル拭いて」

など、**ハッキリと、ただし怒りなどを交えず冷静に言語化して伝えてください。**

対等な関係を維持しよう

「あの人」に要望を伝えるときは、極端にならないように注意しましょう。

居丈高に「〇〇しろ！」と命令するのはもちろんダメですが、「どうか〇〇してください」と、ことさらへりくだって機嫌をとるのもよくありません。

職場にも家庭にも、その集団に属しているメンバーとして必ず「やるべきこと」があるはずです。高圧的になることは絶対にやってはいけないことです。しかし、ずっと「頼む」ことを続けていると、いつか「あの人」は、

〈自分は頼まれたからやる〉

というパターンととらえるようになるかもしれません。

「あの人」との間に歪(いびつ)な〝上下関係〟パターンができないように気をつけてください。

×感情をこめて伝える

○淡々とした「平坦な」伝え方にする

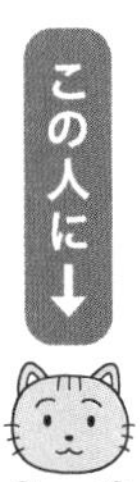

前からその日は空けておいてって言ってたのになんで予定入れたの!?

しくしく

ねえ聞いてる?

フリーズ

なんとか言ったらどう?

こういうときは「あの人」から離れ時間をおいてリセット

落ち着いてから話そう

忘れられてすごくショックだったよ

予定を変えたから今すぐスケジュールに入れ直して

あの人の気持ち

泣いたり怒ったりされると、こっちの頭が
「いっぱいいっぱい」になっちゃうよ

もうちょっと冷静に言ってくれれば
理解できるかもしれないのに

他者の感情はインパクトが大きいので
「あの人」には受け止めきれないのです

感情をぶつけるとフリーズすることも

何かを訴えたいとき、あるいは話し合っているとき、私たちはつい感情的になることがあります。話し合いの席で感極まって泣いたり、かつてないほど激怒した経験がある人もいるかもしれません。

感情表現で相手の心が動くこともあります。そう考えると気持ちを素直に出すのは一概に「悪いこと」とも言えないのですが、「あの人」と接するときには感情を抑えたほうがよさそうです。

他者の感情は、「あの人」にとっては解釈し難い情報です。パソコンに多くの情報をいっぺんに入力すると動作が停止することがありますが、それと同じように、「他人の感情」という不可解な情報を処理しきれず、「あの人」の脳がフリーズしてしまうことがあるのです。

フリーズまでいかなくとも、目の前の人が「泣いている／怒っている」という事実だけに気をとられて〈どうしよう？　どうしたらいい？〉と混乱し、自分に向けられている言葉が理解できなくなる、という「あの人」もいます。

できるだけ冷静に、ひとつずつ伝えよう

「あの人」にきちんと理解してほしいことがあるなら、できるだけ言い方を「平坦に」したほうが得策です（「平坦」というのは、監修の宮尾先生に教えてもらった言葉です）。

何かを伝えよう・要望しようとするフレーズは、自然と語尾が上がり気味になります。その語尾の高揚を意識的に抑えるのが、平坦な言い方です。

たとえば52ページのマンガのように大切な約束を忘れられて残念、という場合は、

「約束を忘れられて、私はすごくショックだった。

予定を組み直したいと思う。

だから今すぐスケジュールに入れてほしい」

という具合に、平坦な言い方で、でも感情をきちんと言語化してひとつずつ伝えたほうが「あの人」の耳には届きやすくなるのです。

×「なんで!?」で反省させる

○「謝罪してほしい」とハッキリ言う

この人に↓

君の取引先の方から「あの件は他にまかせる」って言われたんだけど何の話か知ってる?

あっ

実は昨日 急ぎの仕事ができるか聞かれて…

えっ

なんで報告しなかったの?

「なんで」…? えーと………

理由を言えばいいのかな? そうだとしても「忘れてた」なんて怖くて言えない…

どうしたらいいんだ…

フリーズ

イラ イラ

なんで黙ってるの!?

あの人の気持ち

理由を知りたいのか何なのか
よくわからないけど、何を言っても
激怒されそうだから、黙るしかないな

せめて、まず「すみません」
を言うくらいはしてくれよ……。
反省してほしいだけなんだからさ

「なんで!?」という言葉では真意は伝わらず、
ただ責められていると誤解されてしまいます

責める言葉にはすぐ反応できない

パートナー、子ども、部下……など、誰かが「しくじった」とき、つい「なんで⁉」「どうして⁉」と問い詰めてしまったことが、誰にでもあるかと思います。

この問いかけは、理由を尋ねるためだけに発せられたものではないでしょう。どちらかというと失敗を責め、反省を促す「叱責」のニュアンスが強い言葉のはずです。

そのニュアンスがわかっていれば、きっと「ごめんなさい」「気をつけます」と素直に謝ることもできるはずです。

ところが「あの人」には、このニュアンスが伝わらない場合が多いのです。言葉を字義通りに解釈してしまう傾向があるので、叱責の「なんで⁉」を相手からの質問だと推測して必死で理由を考え、でも怒られるのは嫌だから何も言えず黙り込んでしまう……という「あの人」も、少なからずいるようです。

どうして「なんで⁉」と言うのか、目的を自覚して使い分ける

フリーズしてしまった「あの人」に、重ねて「なんで!?」と問いかけたり、イライラしてキツイ言葉を投げかけたりしても、こちらが望んでいる言葉はかえってこないでしょう。

そんなふうにならないために、まず、あなた自身が**なぜ「なんで!?」と言うのか少し考えてみてください。**きっと、次の①か②の、どちらかに当てはまるのではないでしょうか。

①行動の理由を「あの人」の口から聞きたい場合　気持ちを落ち着けて穏やかに「あなたが○○した理由を教えて」と問いかけたほうが、答えを引き出せる可能性が高くなります（この章の12で書いたとおり感情的な言葉は届きにくいのです）。

②謝ってほしい、あるいは償いをしてほしい場合　叱責しても「あの人」は求められているものに気づけません。「謝ってほしい」「弁償してほしい」など、「してほしいこと」を率直な表現で伝えましょう。「相手方に出向いて謝るか、謝罪文を書くかしてほしい」などと二択を提示して選んでもらうのもいいと思います。

時間を無駄にしないためにも、言い方を変えてみることをおすすめします。

×本音と裏腹な言葉を使う

○いつでも「ストレート」に伝える

この人に↓

もう顔も見たくない！
こんな場合

正解は…
ごめん
どう埋め合わせしたらいいかな

でも「あの人」は言葉通り受け取りやすいので——
顔を合わせることがないように
実家に帰るか

「してほしいこと」を伝えよう
傷ついたけど謝ってくれたらそれでいいから
すまん…

あの人の気持ち

「顔も見たくない」って言ったのは
そっちだ。だから実家に帰ったのに。

言われた通りにしたのに
責められるのは理不尽だ。
どうすりゃいいのさ!?

「あの人」は言葉を字義通りに解釈しがち。
言われた通りにしてかえって問題を悪化させることがあります

言葉で表現されたものがすべて

本心と裏腹なことを言ってしまった、なんて経験はありませんか？

たとえば次のような言葉です。

・何度も同じ過ちをくり返す人に「もう知らない！」

・助言しても耳を貸さず、気ままに行動する人に「勝手にしろ！」

・仕事を頑張ろうとしない人に「やる気がないなら帰ってくれ」

どれも「心を入れ替えてほしい」「態度をあらためてほしい」と思っているから出てくる言い方なのですが、「あの人」には控えたほうがいいでしょう。

「あの人」にとっては、言葉で表現されたものがすべてなのです。

・腹立ちまぎれに「放っておいて」と言ったら、本当に「あの人」に放っておかれた

・「顔も見たくない」と言ったら、「あの人」が出ていってしまった

こんなふうに、〝裏返し〟に言うと本当にその言葉の通りに行動しかねないので、注意が必要です。

言った通りになるものだと心得よう

この章の9でも触れましたが、伝えたいことは「○○だ」「××してほしい」「△△と思う」などの**肯定文でストレートに伝えるようにしてください。本心を隠しておくのは、ときにリスキーです。**これについては次のような話を聞いたことがあります。

「あの人」（男性）から、「子どもをキミひとりで育てる気だったら結婚してもいい」と言われた、ある女性。彼女は〈父親になれば、彼の気持ちも変わるだろう〉と考え、結婚したい一心で「うん」と答えます。

その後二人は結婚し、子宝にも恵まれましたが、婚前の「うん」を盾に夫は子育てにまったく参加しようとしませんでした。

極端な事例ですが、こういうことも起こり得るので、「あの人」には常に本音を言うようにしたほうがいいのです（なお、この女性のようなケースでは「でも、二人でつくった子どもだよね！」と相手に強く伝えてみるのはどうか、宮尾先生からアドバイスをいただきました）。

×「ここだけの話」をする

○「広まってもいい話」だけする

宝くじ100万円当たった！

旅行する？・テレビ買う？・

ええっスゴイ！

人には言っちゃダメ！ 内緒!!

ぜったいヒミツ！

トラブルのもとになるからね！

その後

母さんに話したら「一緒に旅行に行きたい」ってさ

エッ

職場の人に話したらおごることになっちゃった

少しくれる？・

エーーッ

なに言いふらしてるの〜〜

あの人の気持ち

うひょ～！　いい話、聞いちゃった!!
これはウケるぞ！今すぐ誰かに話したい！
パートナー
他人に話したら私たちがどうなるか、
そこはまったく考えてないんだね…

パートナーは大切な〝チームメイト〟ですが、
「あの人」にはそういう意識が少々足りないようです

心のなかに「言葉」を留めておけない

秘密や内緒の情報を、誰かと共有したい（共有せざるを得ない）とき、安易に「あの人」に明かしてしまうのは要注意。64ページのマンガのように言いふらされてしまうことがあります。

「言わないで」と釘を刺したのに、なぜ暴露してしまうのか。実は「言いたい」と思ったことを心中に留めておけないのも、「あの人」によく見られる特性です。

どんな秘密も、ひとたび聞いてしまえば「あの人」の所有物。だから本人は、どう扱っても構わないと思っています。

ウッカリ話したらどうなるか、秘密を託した人はどんな気持ちになるか、他者からどう見られるか、などを推測する力が弱いこともあり、ひとたび〈言いたい！〉という衝動に駆られたら、もう抑えることができません。

本人は〈友達に話すいいネタを仕入れた〉くらいの感覚なので、後で叱責されても納得できず、悪いことをしたとも思えません。悪意がないだけに厄介な課題です。

秘密は「打ち明けない」のが原則

秘密を漏らされないための対策はただ一つ。

「内緒話はしない」

これにつきます。「あの人」の前では、外で言いふらされてもいい！　と思えることだけを話すように心がけるのです。

「他人に言わないで」という頼みはＮＧ指令（この章の9参照）なので、そもそも「あの人」には伝わりにくいのです。

「暴露してはいけない理由」を伝えても、「あの人」が口止めされたことを忘れてしまったり、納得していなかったら意味がありません。だから、「このくらいはいいか」と思わず、話したことは何事も必ず外に漏れると心得ておいたほうがよさそうです。

✕ なるべく詳細に伝える

○ まず「本質」だけを短く言う

この人に↓

伝えたいことが
たくさんあるとき…

連休に母が家に
来たいと言うから
あらかじめ予定を
あわせたい

ちょっと
いい店で
一緒に外食も
したい

いっぺんに言うと
処理しきれない

今度の連休に母が
家に来るけどいい？
あなたにも会いたい
と言ってる
○○っていう店で
外食もしたいから
あなたが確実に家に
いられる日を
早めに教えてね

コレだけ
頭に残る
こともある

言葉を削って簡潔に！

連休中の予定を
教えてくれる？

えーと

文字のやりとりなら
もっと確実に伝わる

連休中の予定
教えて

空いている日
知りたいです

その場合も
一文を短く！

あの人の気持ち

話が長すぎる！　どこがポイントなのか
さっぱりわからなくて困っちゃうよ

でも少しは記憶に残るから
言われた通りにしようとすると
「違う！」って言われる。ツライ…

「あの人」は聞き取って理解する力は弱いのです。
きちんと伝える別の方法を考えなければいけません

「伝えたいこと」が埋もれたらダメ

「あの人」に込み入った問題を説明するときは注意が必要です。

実は私も、何度もやらかしています。

夫のアキラさんと話しているとき、彼が何も言わないと〈納得してくれてるんだ〉と誤解して一方的に話をしていたのです。それだけでなく途中で〈あれも話さなきゃ〉と脱線したりして、話が長くなることがよくありました。

ところが後日、アキラさんが何も言わなかったのは「話に納得していたから」ではなく、**「筋が追えなくなったのでスルーしていた」**のだと判明し、ガッカリしてしまったことがあります。

こんな失敗をしないための「話し合いのコツ」は第5、第6章に書きますが、「あの人」に話しかけるとき心がけたい基本をいくつかここで挙げておきます。

見直せる方法で可能な限り短く伝える

まず、「あの人」と会話するときは、〈詳しく伝えたい！〉という欲求を少しだけ抑えるようにしてください。

そして**必ず冒頭で、「尋ねたいこと」「最も重要な情報」「いちばん本質的な内容」など、これから話す内容を手短に伝えましょう。**詳細な説明はそのあとで問題ありません。

話が長くなりそうなら、言葉で伝えるだけでなく、後で見直せるようにしておくといいでしょう。メール、SNS、メモなど、文章にして「あの人」に渡すのがおすすめです。文字にしておけば、本人のペースで何度も読み返せるからです。

また、会話をしていて自分で〈話が長くなりそう〉と感じた場合は、区切りのいいところで「あの人」に、

「ここまでの話、わかった？」

などと確認することも大事です。要するに「小分け」にして、立ち止まりながら伝えるのですが、そんなふうに一歩一歩話を進めていったほうが「あの人」も耳を傾けやすくなります。

×気遣いを求める

○「やること」を文書にしておく

この人に↓

熱が38度あって
寝込んでます
帰る前に連絡して

既読
12:30

了解
12:45

しかし連絡は忘れられ…

ただいま
あれっ？
まだ寝てたの

うん……ずっと連絡
待ってたんだけど…

オレのご飯
ある？

え～
熱があるから
つくれないよ

じゃ外で
食べてくる

バタン

あ…

私の心配は
してくれないのね…

あの人の気持ち

頼まれれば何かやったかもしれないけど
事実を報告しただけじゃなかったの？

パートナーが困ってたら
助けるのが当たり前でしょ！
放置なんてヒドイ！　さびしい！

人間関係に修復不可能な亀裂を生みかねない
この「すれ違い」には要注意です

共感に乏しく「してほしいこと」がわからない

72ページのマンガのように病人が「あの人」に放置されてしまい、人間関係に修復できないほどのヒビが入ってしまう〝事件〟、実は家庭内でちょくちょく起こっているようです。

第1章で書きましたが、「あの人」は他者の立場にたって考えるのが苦手です。72ページのマンガに即して言い換えると、病気で寝ている人の「つらさ」を思いやり、共感することが難しいのです。

マンガに出てきた「寝込んでます」というメッセージは、「寝込んでいる→つらいはずだ→食事は自分が用意しよう」などと思いやってくれるのを期待して送ったものですが、共感に乏しい「あの人」には、それはただの報告に見えてしまうのです。**「してほしいこと」が明記されていないので、何をすればいいかもわかりません。**

というわけで看病もできず、パートナーから「あなたは冷たい」と非難されることになるのですが、そんな不幸な結末、「あの人」もあなたも望んではいないでしょう。では、どうしたらいいでしょうか。

病気になる前に備えておくのが大事

いざ体調を崩したとき、「あの人」に理路整然と「してほしいこと」を伝えるのは困難でしょう。病気になったときのことを見越して、先にマニュアルを用意するのがおすすめです。

とはいえ、手順が複雑すぎると「あの人」が混乱します。たとえばイラストのように、**「熱を出した人にすること」を10項目ほど箇条書きにして、「あの人」にしっかり認識してもらったうえで、すぐ見られるところに貼っておくといいかもしれません。**

「子どもが病気のとき」、女性なら「生理が重くて寝ているとき」などいろいろ想定して作っておいてもいいと思います。

熱を出した人にすること

- 水、イオン飲料のペットボトル(500ml)と、コップを枕元に置く
- 何が食べたいか聞き、買ってきて、部屋に運ぶ
- ほしい物があるか聞く
- ↑あったらそれを部屋に運ぶ
- その他での部屋への出入りは控える(ゆっくり眠れるように)
- 用事は自分で処理する(起こさない)
- 使った食器を洗う

×いつも面と向かって伝える

○「ひとり言」のように言ってみる

この人に↓

夜食を食べたら寝る前に片付けてって言ったよね!?

あ〜

忘れてた

次やったらもう夜食禁止にするよ！

そんなに怒らなくても

ルールは守ってくれないと困る！

このように強く言っても効果がないときは

わざと「ひとり言」のように言ってみよう

食べ残しを置いとくと虫が出て食中毒になるって新聞に出てたから

気をつけなきゃな〜

あの人の気持ち

アレコレうるさいなあ…
もう聞きたくない。スルーしよ

★面と向かって
言われると……

★ひとり言っぽく
伝えたときは……

なんか耳寄りな情報を聞いちゃった。
やらないと損するかも。さっそく実行だ！

伝え方ひとつで「あの人」の感じ方は
大きく変わるみたいです

直球で言われると天邪鬼になりやすい

面と向かって言われた言葉に反発したくなることはありませんか？　たとえば、

- **「〇〇してほしい」と指示された。正しいことではあるけど、なんか腹が立つ**
- **「××しちゃダメ」と言われた。確かにその通りだけど、素直に従いたくない**

誰しもこんなふうに天邪鬼（あまのじゃく）になることはありますが、他者の事情を察するのが苦手な「あの人」は、なおさらそうなりやすい傾向があります。

してほしいことや、どうしても変えてほしいことがあるのに、何度頼んでもやってくれない……そんなときは**面と向かって頼むのではなく、「ひとり言」のように言う**方法を試してみてください。

「無関係な話」を装うと伝わることも

これは実際にあった例ですが、外出時になぜか玄関のドアの鍵をかけないという「あの人」がいました。

とても不用心なので、同居しているパートナーは真剣に、

「玄関にカギをかけてほしい！」

と何度も訴えましたが、「あの人」は根拠もないのに〈誰かが侵入することなどあり得ない〉と思っているようで決して鍵をかけませんでした。

そんなある日、たまたま二人でニュース番組を見ていたときのこと。番組に元窃盗犯という人物が出演して、空き巣の手口を次のように解説していました。

「手あたり次第に玄関ドアのノブを回して、開いたら入ってみて、留守なら物色します」

これを受けてコメンテーターが、

「もし住人がいたら、居直り強盗になるかもしれません。危険ですね～」

と解説。そのタイミングでテレビのほうを見たまま、パートナーがボソッと、

「へえ～、玄関の鍵が開いてたら入ってきちゃうんだ……、こわいなあ」

と、ひとり言のようにつぶやいたところ、その後は出かけるときも帰宅後も「あの人」が鍵をかけるようになったそうです。

似たような方法を「他人事メソッド」と名付けて発達障害の子どもたちの教育に使って

いる専門家もいると聞きました。**感情を交えずニュートラルな情報としてポンと発する**と、それを聞いた「あの人」は思わぬところで拾い物をした気分になるようです。だから正面切って言うよりも情報が頭に入りやすくなるのかもしれません。

「ひとり言」メソッドの好機はいつか

「ひとり言」を使うのに適したタイミングは、たとえば二人でテレビを見ているときのような、「ヒマそうで、でも一緒にいるあなたに、少しだけ関心が向いているとき」がおすすめです。

この節のテレビの例は、情報にストーリー性があり、かつ視覚的だったから、なお「あの人」の頭に入りやすかったのかもしれません。

伝えたい内容によってはタイミングをつかむのが難しい場合もありそうですが、ぜひ覚えておきたい方法ですね。

第3章
職場の「あの人」を動かす言い方・接し方

頼んだ仕事が終わったら

「ありがとう」＋笑顔でハッキリねぎらう

できました

おう
そこ置いて

それだけ…？

やりがいが
ない…

お願いします…

おう
できたか

受け取るだけ

毎回お礼を言う

「コメントなし＝OK」と考えない人もいる

仕事の成果に「物言い」がつかないのは悪いところがないから、すなわち「十分よくできているから」でしょう。

新入社員なら〈何も言われないけれど、大丈夫だったかなあ〉と不安になることがあるかもしれません。でも職場に慣れてくれば、たいていの人は「何も言われない＝OKのサイン」だという暗黙のルールを理解して、いちいち気にしなくなると思います。

しかし察するのが苦手な「あの人」は、そういう暗黙のルールに気づけません。

気づけないうえ不安になりやすい（第1章の1参照）ため、何も言われなかったことを過剰に気にかけたり、〈仕事をしたのに認めてもらえない〉と不満を募らせてしまうことがあるのです。

笑顔で「あの人」をわかりやすく肯定しよう

「あの人」には、何事も言葉にしなければ伝わらない、と考えたほうがいいでしょう。

余計な不安・不満をため込むことのないように、周囲の人は必ず「ありがとう」「助かったよ」など、具体的なお礼の言葉を伝えることをおすすめします。言葉によって〈自分の行動が評価された〉と明確に理解でき、それが仕事への満足につながります。

また、お礼を伝える際に笑顔を加えられたら完璧です。作り笑いでも構いません。「あの人」にとって、向けられた笑顔は〈認めてくれている〉と実感できる、わかりやすいサインなのです。

・笑顔を向けてくれる人＝味方
・仏頂面の人＝敵

という白黒思考に陥りがちな「あの人」と接するとき、笑顔は、信頼を勝ち取り物事の円滑な進行を可能にする最高のツールになり得るのです。

一度ほめられただけでは不安に

「波状攻撃」のようにほめる

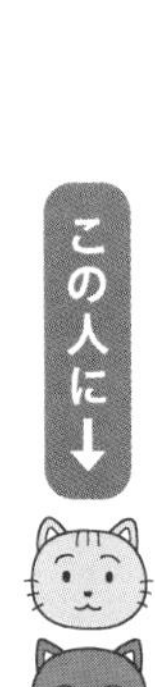

進捗どう？

もう少しかかります…

そうだ この前の報告書よくできてたよ

ありがとな！

パアア アッ

じゃあ がんばって

ハイ！

何もないときはほめない

以前のことを取り上げてほめる

そのときにほめる／お礼を言うだけでは不十分

社会人になると、ほめられたり感謝されたりする機会はグッと少なくなります。それでも、たいていの人はいちいち不機嫌になったり不安になったりしません。

〈この仕事は、自分としてはよくがんばった〉

〈今日はノーミスで早く仕事が終わったぞ〉

など、自分なりに納得しながら職務を淡々と進めるのではないでしょうか。

しかし「あの人」の場合、そうはいかないことがあります。

自分を客観視するのが苦手な「あの人」は、他者からいい評価がもらえないと不安になります。〈自分を認めてくれない〉と、そんな不安を募らせた結果、不意に会社を辞めてしまう……という事態にもなりかねません。

くり返すことで強く印象に残す

「あの人」に安心して仕事を続けてもらうためには、「以前にほめたことをもう一度ほめる」「以前感謝したことをまた感謝する」ようにすると効果的です。

たとえば、仕事の成果が挙がった「そのとき」だけほめるのではなく、数日後、1週間後、あるいは1ヵ月後など、時間をおいて何度もほめ言葉を重ねるのです。

「前に○○を手伝ってくれて、ありがとう」

「この間、××をしてくれたおかげで、とても助かったよ」

と、**波状攻撃のようにくり返して過去の成功体験を想起**させ、自尊心をくすぐれば、

〈次もお礼を言われたい！〉

〈またほめられるようにがんばろう！〉

と思えるのでモチベーションの維持が期待できます。

この**〝ほめ直し〟**を使えば、「あの人」に味方として認定される可能性も高まるので一石二鳥です。ぜひ試してみてください。

「自分で考えて」ではできない

「付箋」「具体的な指示」を与える

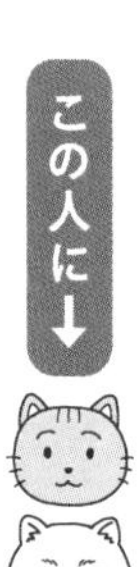

会議用の資料を作成してくれないか

ボクが一人で…？

いつも見てるような体裁の資料でいいから

えーと…そうですね…

細かいことはまかせるよ

フリーーズ

すべてまかせきりにする

一度は見本を見せ教える

「自分で考えて」では指示になっていない

何度か経験したことであっても、段取りを組んで一人で実行するのは苦手、という「あの人」に、

「だいたいわかるだろうから、自分で考えてやってみて」

と仕事をまかせきりにするのは失敗のもとです。悪くすると「あの人」から〈無茶なことを言われた！〉と逆恨みされてしまうかもしれません。

自ら手順を決め、段取りよく進めるのが苦手なのは、「あの人」によく見られる特性です。丸投げするのは控え、面倒でもあらためて段取りを一つひとつ教えるほうがお互いのためです。

「全体から部分へ」の流れで説明するとよい

段取りを説明するなら、まずは完成形を示してあげましょう。

たとえば「あの人」に資料を用意してもらいたいときは、**まず他の人が作成した資料を**

見本として示しましょう。そして「このようにつくればいい」という具体的なイメージを持ってもらうとわかりやすくなります。

完成形の具体的なイメージをつかんでもらったら、次はそこに至るまでに何をどうすればいいのか、スモールステップで一つずつ指示を伝えます。

「最初に項目を立てる」
「項目ができたら、各項目に1つ図表を入れる」
「各項目は1ページ以内になるように、文字数を調整して文章を入れる」
「文章はここに書いてある内容を参考にして書く」

といったように、**考える順番を明確にして分量の目安などを数字で伝える**と、不安になりやすい「あの人」も迷いが晴れ、安心して作業を進められます。

さらに、以上の過程を**マニュアルにして「あの人」に渡しておく**と、次回からはそのマニュアルを参考に、一人でできるようになるかもしれません。

付箋を使って考えをまとめる

段取りを説明するときは、「なぜこのようにするか」という理由もあわせて伝えるようにしましょう。「納得」が「あの人」の行動を後押しします（第1章の6参照）。

地道に手順を説明する以外では、付箋の活用もおすすめです。

まず、業務について「あの人」が思いつくこと、困りごと、悩みなどを、付箋を使ってできるだけたくさん書き出して、次ページのいちばん上のイラストのようにホワイトボードに貼ります。そのあとサポート役になる人が、業務の始めから終わりまでを4段階くらいの枠組みにして提示します。枠組みができたところで、先ほど書いた付箋を各段階のなかに振り分けていきます。似たような内容が書かれた付箋を見つけたら重ねていき、厚くなるようなら1枚だけ残して後は捨てましょう（次ページ中段のイラスト参照）。

こんなふうに「振り分ける・重ねる・捨てる」という作業を続けていくと、下段のイラストのように設定された枠組みのなかに限られた枚数の付箋だけが残りますが、あらためてその全体を見渡せば考えがまとまり、段取りとタスクが明確になってくるはずです。

この方法は、「いろいろ思いつくが、考えがまとまらず、何から手をつけていいかわからない」という「あの人」をサポートするのには有効な方法です。

「チームワーク」がわからない まずメリットで「納得」させる

この人に↓

急病で早退した社員がいるからみんなでその業務を手分けしてやろう
悪いけど少し残業になるかも…
ハーイ

なんで他の人の分をやらなきゃいけないの
ボクの仕事は終わったから帰りたい

みんなでやる業務だ終わらないと帰れないよ
えー

早く終われば早く帰れるけどね
そうか
よし手伝うよ

「普通」で説得する
普通は嫌がらずサポートするものだよ
そっちの普通とボクの普通は違うよ！

メリットを明示する
楽だが損
大変だが得
どっちがいい？

損得をハッキリさせるのが近道

職場で「助け合う」のは当然の務めです。

「おたがいさま」の精神で足りないところを補い合う姿勢がなければ、働きやすい環境は維持できません。良識的な会社であれば、暗黙のうちに誰もがそう認識していることでしょう。

ところが、**まわりの雰囲気や言語化されない暗黙のルールを察するのが苦手**な「あの人」は、どうしても「おたがいさま」の意識を持てず、つい不平を漏らしたり、自分の都合を優先したりすることがあります。

職場のマナーやルールについてゆっくり教える時間があればいいのですが、96ページのマンガのように「いますぐ助けが必要」という場合は、損得の感覚に訴えてみてください。

「コレをやったら、こう得する。やらなかったら、こう損するよ」

と具体的に伝えて**メリットが明確になれば、「あの人」も納得して取り組める可能性が高まります。**たとえば同僚がぬけたぶんの穴埋めのために残業を頼みたい場合は、

「早く終わらせればその分早く帰れるし、遅くまでかかったら帰宅も遅くなるよ」

「今回手伝えば、次回は誰かがキミを助けてくれるよ」

などと伝えると効果があると思います。

模範になる人を見習わせるとなおいい

損得勘定に訴えるばかりだと、いずれ「あの人」が〈いつも自分にばかり頼む。不公平だ！〉と誤解する可能性があります。「納得できないから助けない」と拒絶されることもあり得ますが、本来、助け合いは人として「当たり前」なのですから、そんな理屈は安易に許容できません。

メリットで誘導するだけでなく、できれば「あの人」が味方と認識して慕う先輩（あるいは上司）のなかからメンター（相談者）を見つけて、お手本にさせましょう。尊敬する人の振る舞いを具に観察し、真似しようとする当事者はめずらしくないのです。うまくマッチングできれば、「あの人」が多くのことを学びとってくれるかもしれません。

他者から指摘されるのを嫌う
「パワートーク」を使ってみる

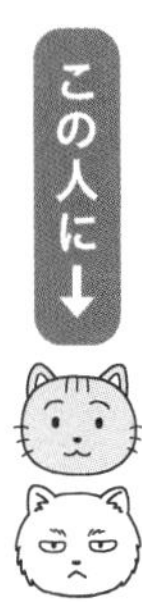

キミ！　取引先から
苦情をうけたよ

え？

ろくに挨拶もしない
そうじゃないか

あの人
なんか
コワいです…

ちゃんとしてます！
仕事もきちんと
やってるはずですが

とにかく
今のままじゃ
ダメだよ
もう少し
愛想よく
してみたら
どうかな

注意だけでは通じない

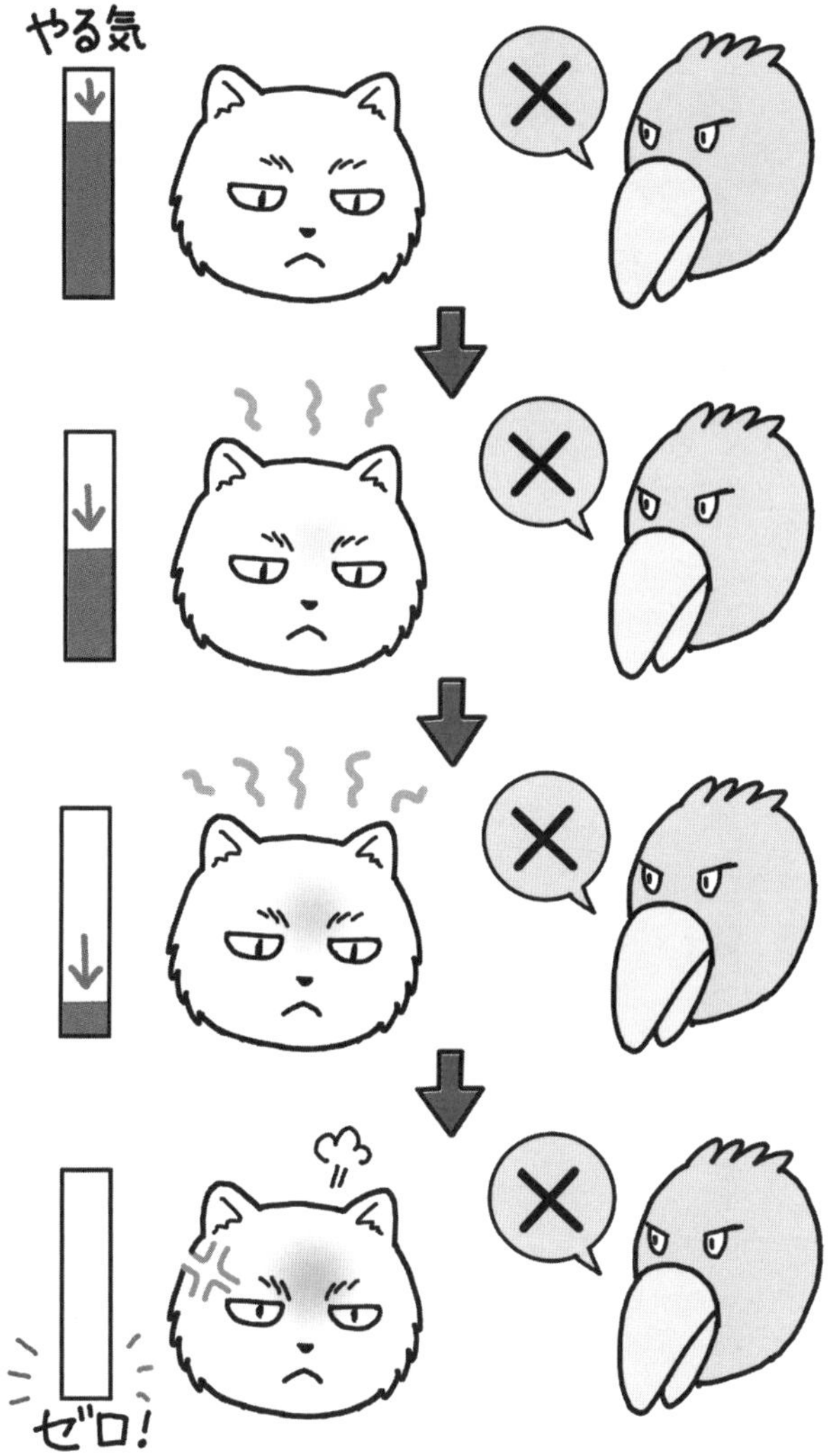

「ダメ出し＝全否定」と誤解されやすい

仕事で低い評価がつくのは、誰にでもあり得ること。しかし、評価されているのは「仕事の結果」であって、仕事をした「人物」の価値が下がるわけではありません。たいていの人はそう理解しているから、気を取り直してまた業務に向かえます。

ところが「あの人」の場合は、立ち直れないほどショックを受けることもあります。言葉を文字通りの意味で受け取りがちなので、「ダメ出し＝自分への全否定」と誤解し、過剰に落ち込む→仕事が手につかなくなる→退職……という経緯をたどってしまうこともあるようですが、それは避けたいと考えた場合、どうすればいいでしょうか。

「パワートーク」を使う

誤解を回避しつつ間違いを指摘したり、ネガティブな評価を伝えたりするときは、「パワートーク」が役に立つかもしれません。「いいこと→悪いこと→いいこと」という順に、ネガティブ情報をポジティブ情報で挟んで伝える方法です。すなわち、

①まず過去のことをほめる（いいこと）
②現在の間違いを指摘する（悪いこと）
③改善策を提案「こうすればもっとよくなる」（いいこと）

と前向きに終わらせて全否定されたと感じさせないようにするのです。たとえば100ページのマンガのように「挨拶ができていない」ことを指摘するなら、次のように伝えます。

自分の好き勝手に仕事する

「裁量」を明確にして任せる

こうしたほうがいいよなあ

こっちもこのほうが…

その結果…

オイ！　申し合わせと全然違うじゃないか！

なんで無断で変えたの！

よくなると思って…

ダメだよ勝手なことしちゃ！

事前に提案してもらう
変えたほうがいいと
感じる部分については
事前に相談してくれ
採用できるか
どうか
こちらで検討
してみるから
仕事の意義を説明し直す
顧客の要望で
この内容に決定した
この通り仕上げる
契約だからよろしく

悪意はないことを念頭に対応する

いいアイデアやひらめきは実行に移さないと気が済まない、そんな「あの人」、あなたのまわりにもいるのではないでしょうか。

思いつくのはいいことですが、**自分が「いける！」と思ったらその瞬間にまわりが見えなくなり、突っ走ってしまう**のは困りもの。とくに仕事を気の向くまま進めてしまうのは（たとえポジティブな成果が出たとしても）あまり「いいこと」とは言えません。

とはいえ104ページのマンガのように「勝手なことをするな」と叱責したり、「余計なことはしないで」と忠告したりすると、「あの人」は〈せっかくのアイデアをつぶされた！〉と誤解する可能性があります。

まずは仕事の意義を教えるところから

「あの人」が仕事で勝手気ままに脱線してしまう原因は、「仕事とは何か」という意義が見えていないせいかもしれません。

仕事とは顧客のニーズに沿って、顧客のためにするものです。自分の考えではなく、顧客の考えを推測し、そこに沿うように遂行するものだと「あの人」に理解してもらわなければなりません。この「説明」は何度も根気よく行う必要があります。

そのあとは2つの方法が考えられます。

①**「何か新しいアイデアを思いついたら、やる前に一言相談してください」と伝えて、メモなど後に残る形で提案してもらうようにします。**いい考えなら採用し、そうでなければ採用できない理由を説明して、「今回は元の指示通りにやってください」と伝えてください。

②「説明」をしっかりしてあっても①がなかなか身につかない場合は、仕事の裁量をハッキリさせます。

たとえば見本を見せて「これと同じレイアウトで作って」と指定し、好き勝手に変更できる余地をしっかり狭めて仕事を頼む手があります。そのうえで、ときどきは「あの人」の自由裁量で進められる仕事も任せると、ストレスなく取り組めるかもしれません。

報告・連絡・相談ができない

いつ・何を言うか「掲示」する

きのうの案件 検討
してくれましたか？

それはもう済んで
次の段階に
進めてますよ

エッ

ちゃんと連絡
してくれないと
困りますよ！

めんどう
だなあ

キミのためでも
あるんだよ

そう
言われても…

まずメモや付箋に
書き出しておく

・疑問が出たら
・行き詰まったら
すぐ相談！

・変更があったら
・異常があったら
すぐ連絡！

・区切りがついた時
・次に進む時
すぐ報告！

いつでも「目に入る」ようにするといい

報告・連絡・相談をしてくれない「あの人」は、もしかしたら次のような事情で「したくてもできない」状態になっているのかもしれません。

・**そもそも「報告とは何か」「相談とは何か」などがよくわかっていない**
・**どのタイミングで、何を言えばいいかわからない**
・**伝える必要性を感じていない（自分はわかっているので言う必要はないと思っている）**

確実に伝えてほしいことがあるのなら、いつ・何を・どんなふうに言えばいいのか、内容やタイミングなどをテンプレート化して掲示するなどしておくといいでしょう。

掲示するとそれが手がかりになるので「あの人」も動きやすくなりますし、折に触れて「こうするんだったよね」と一緒に確認することもできます。メッセージアプリをスマホにダウンロードして、部署内の全員で使うのもいいでしょう。

ポイントは、とにかく**「いつも目に入る」状態にしておく**ことです。

共有すると他の人の報告・連絡・相談が見本になる

マナーを無視する・守れない

「マニュアル」を用意して義務化

社内でお客様と打ち合わせ――

ですのでこちらを提案します

なるほど!

いい考えだ!

打ち合わせ終了

では…

ありがとうございました

キミ!普通は席に戻る前にまずはお客様を見送るものだよ!!

?

打ち合わせの内容を書面にまとめているところなんですが…

書類を早く届けたほうがよっぽど顧客のためになりませんか?

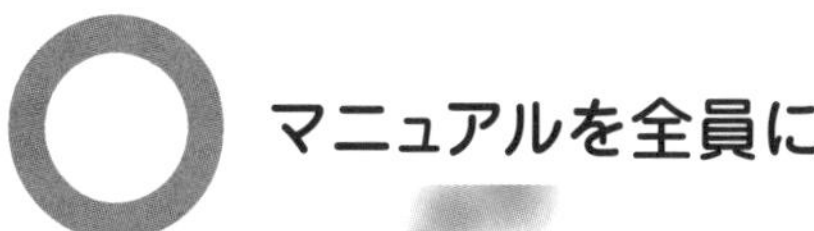

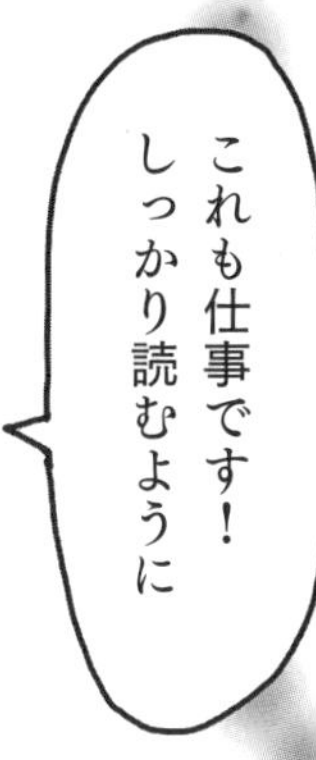

メリットを明らかにする

ちゃんと見送って
こちらにいい印象を
持ってもらえたら
それが新たなビジネスに
つながるかもしれないよ

マナーを理屈で説明するのは難しい

職場には、「お客様を見送ってからドアを閉める」「お茶をすすめられたらお礼を言う」など「常識」とされている数々のマナーがあります。

マナー無視を目にすると、つい「普通は○○するものだよ！」と注意しがちですが、明確な定義のない、あいまいな「普通」を基準として持ち出すと、「あの人」から「あなたにとっての普通はそうだろう。でも、自分にとっての普通は違う」と反発されることもあります。

「普通」を持ち出して「あの人」を諫めても、まず効果はありません。

むしろ**マナーにはちゃんと意味があることを教えてあげたほうが、「あの人」は納得しやすい**はずです。たとえば、

「お客様を気持ちよくお見送りすればこちらの印象がよくなり、また仕事を任せてもらえるかもしれないよね。だから玄関口までちゃんと送って、挨拶しよう」

と、期待できる成果と関連付けて説明したほうが納得してもらえるでしょう。

「マニュアル」を配って業務として読ませる

とはいえ、「守って当然」のマナーをひとつひとつ説明するのは難しく、骨が折れます。できるなら、書店で売っているビジネスマナーの解説書やマニュアルなどを渡し、仕事の一環として読んで身につけるよう、指示するといいかもしれません。講師を招いてビジネスマナー研修を開くのもいいでしょう。さらに、マナーが守れているかどうか、ときどきチェックする機会まで設けられると理想的です。

ただし、できるだけ不公平感が出ないように気をつけてください。「あの人」一人だけに義務付けると罰だと誤解されたり、〈なんで自分だけ〉と不満が残ったりします。できれば、所属するチームや部署の「全員」にマニュアルを読んでもらう（あるいはセミナーに参加してもらう）ようにします。

ここまでしておくと、マナー無視が起きたときに「身につけるように言ったよね」など、簡潔な注意だけで納得させることができるでしょう。理屈でくどくどお説教するよりも、効果が期待できそうです。関係者にも一定の負担がかかる方法ではありますが、根回しや調整によって周囲の納得が得られるなら、試してみる価値はあるかもしれません。

27 何を言っても耳を貸さない「味方」経由で伝えてみる

さっきのことだけどね…

外回りに行きますので

最近態度がよくないいな

…というわけで私の言うことに耳を貸さんのだよ

困ったよ

私から言ってみましょうか

課長の言うことも一理あるからさ

まあうまくやろうや

先輩がそう言うなら…

面と向かって直接伝える

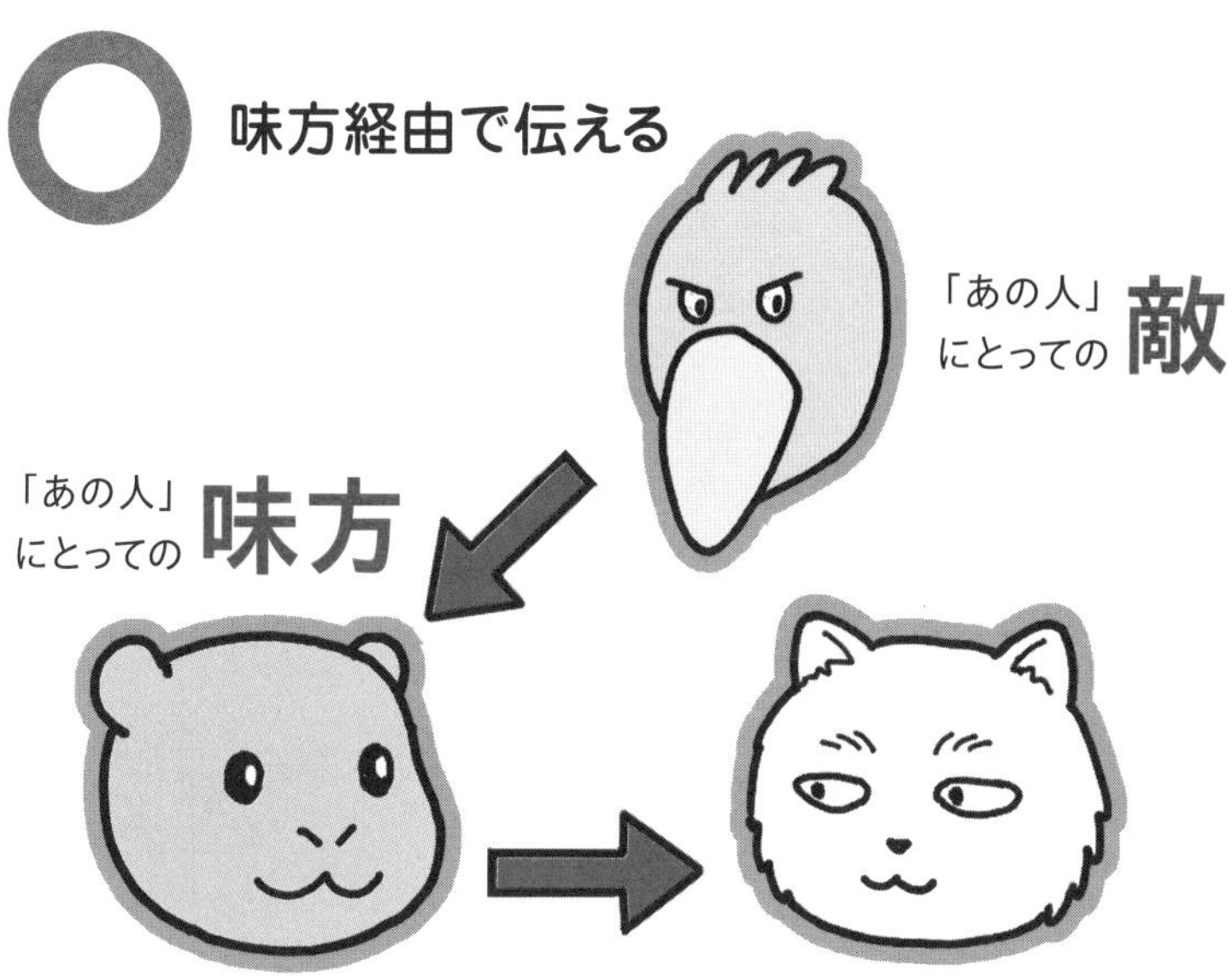

一度「敵認定」されてしまうと……

誰しも「私はこの人は苦手だ」と感じる相手がいることでしょう。
そんな「苦手な人」からの言葉は、なかなか素直に聞けないものです。

・苦手な人が有益なアドバイスをくれた（でも、受け入れられない……）
・苦手な人から苦言を呈された（内容は正しい。けど、この人に言われたくない！）

こんなふうに頑（かたく）なになってしまった経験が、あなたにもあるのではないでしょうか。

苦手な相手を「敵」、つまり自分と対立する者として捉えがちな「あの人」の場合、なおさら頑なになって相手の言葉を一切受け入れられないことがあります。

アドバイスや忠告に「あの人」がまったく耳を貸さないのは、親切で助言している人を「敵認定」しているからかもしれません。

伝える経路を変えてみる

「急がば回れ」と言うように、どうしても伝えたいことがある場合はあえて迂回路を使うとうまくいくことがあります。

「敵」に対しては反抗的な「あの人」も、尊敬している人や慕っている人、すなわち「味方」だと感じる人の言うことなら受け入れやすくなるはずです。

たとえば運悪くあなたが「敵」とみなされていて、そのため「あの人」に言うことを聞いてもらえない場合は、**「味方」認定されている人を見つけて、その人から伝えてもらう**というのも一つの手です。試してみてください。

フサヒコが憧れている
カワウソ先輩

第4章

家庭の「あの人」を動かす言い方・接し方

気をつけてほしいことがある

具体的に「○○をして」と伝える

この人に↓

ココア♥
熱いから気をつけてね

あつッ!!
だから気をつけてって言ったでしょ

ドカッ
そこ気をつけて！
あ～

気をつけてって言ってるのに！
「気をつける」ってナニ？

危険を明確に示す

メッセージの内容が変化するので理解できない

日ごろよく使われる「気をつけて」という言葉。この言葉は、状況によって意味する内容が変化するややこしい表現です。

たとえば122ページのマンガの「熱いから気をつけてね」は、「熱いから（火傷しないように）気をつけて（飲んで）ね」という意味になり、「そこ、気をつけて」は、「そこ（に柱があるから、ぶつからないように）気をつけて（歩いて）」という意味になります。伝えたい内容が省略されているわけです。

周囲の状況を手がかりにすれば、省略部分を読み解くことはできるでしょう。**しかし、「あの人」は他者の言葉に込められた意図や、目に見えていない部分を推測するのが苦手です。**

読み解く必要がない言葉に変換してみる

文脈に応じて「気をつけて」をうまく読み解けない「あの人」には、123ページのイラストのように、危険を避けるために何をすべきか、どこに目を向ければいいかなどを**具体的に言葉で伝えるのが最も効果的です。**できれば目で見てわかるように示すところまですればなお安心です。

似たような呼びかけ表現に、「しっかりしてね」「ちゃんとしてね」などがありますが、こうした言葉も、話者が状況に応じて、

「相手の目を見て要望を伝えよう」

「姿勢を正して、敬語で話して」

などと、読み解く必要がなくなるように明確に伝えるといいでしょう。

静かにしていてほしい

「音量」と「代わりの行動」を指定する

子どもに教えながらそれとなく伝える

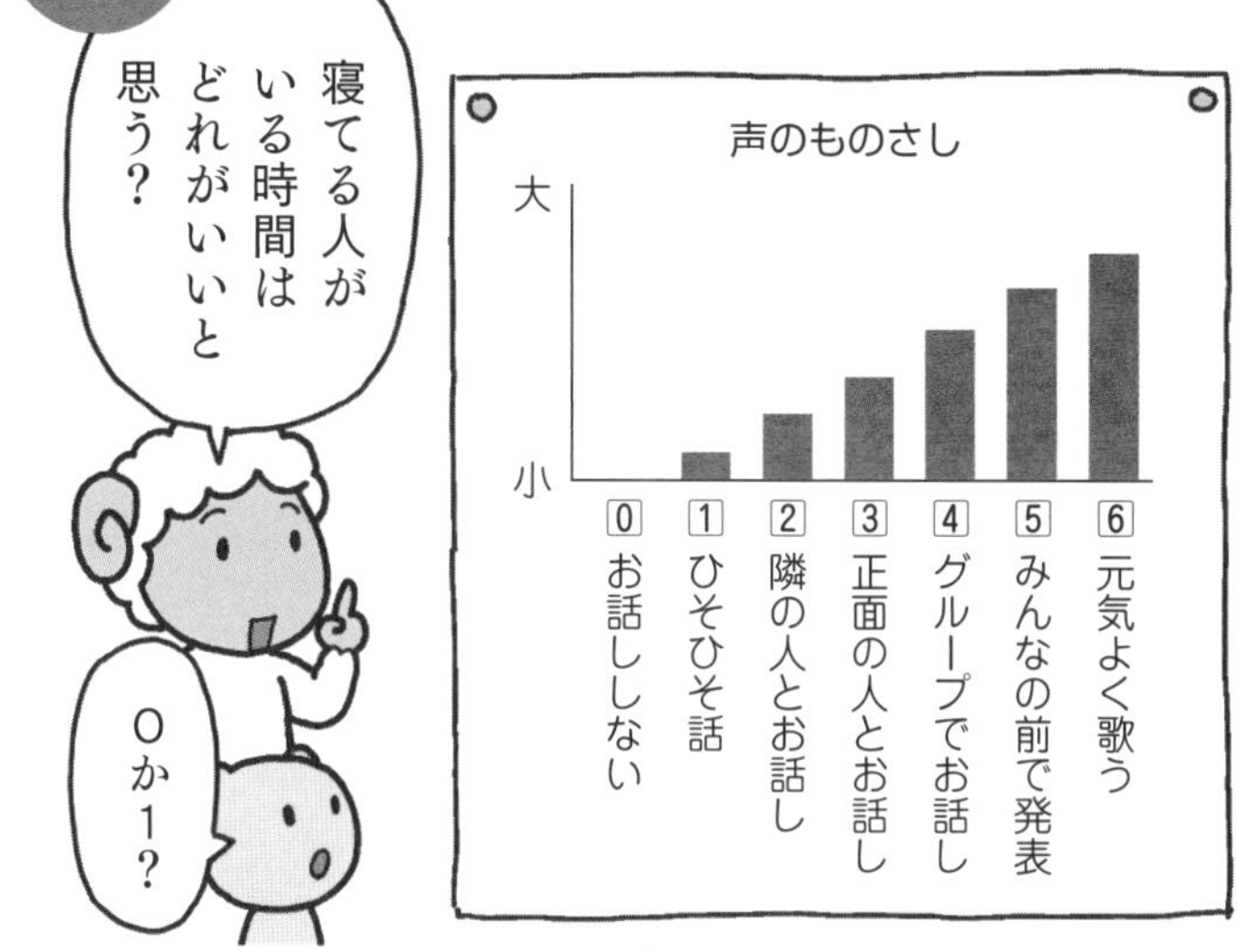

寝てる人がいる時間はどれがいいと思う？

0か1？

声のものさし

大

小

0 お話ししない
1 ひそひそ話
2 隣の人とお話し
3 正面の人とお話し
4 グループでお話し
5 みんなの前で発表
6 元気よく歌う

そうだね！午後9時から朝6時までは0か1か2の音で「忍者」になろう！

パパ〜忍者だって！

カッコいいね！

原因は「想像できない」または「基準の違い」

「静かに！」と要望されてもそうできない「あの人」が騒がしくする原因は、いろいろ考えられます。他の人がどう感じているか、そして何を欲しているかを想像するのが苦手、という特性が関係しているかもしれません。

また、「基準」が違っている可能性もあります。「あの人」にとっては十分静かだけど、周囲の人には、まだ「うるさい！」という具合に、感じ方の違いが原因になっていることもあるでしょう。折り合いをつける方法としては、次の2つが考えられます。

①音量を指定する

前ページでイラストにしましたが、適切な声量を図で示した「声のものさし」などと呼ばれる教材があります。子どもがいる家庭であればこの教材が役に立ちそうです。

たとえば、「あの人」が見ている前で子どもに声量調節を教えるのです。

「電車のなかで『6』でしゃべる人がいるでしょう？　うるさいから迷惑だよね。でも、

『1』や『2』でしゃべると『落ち着いたいい人だ』と思われるよ」といったような感じで耳に入れるわけです。**客観的な情報（または他人事）として、守れば得すると感じるように伝えるのがポイントです。**そこを押さえれば、子どもがいない家庭でも、友人や「あの人」の実家の家族などを介してうまく働きかけられる可能性があります。

②代わりの行動を指定する

「静かさ」の基準がお互いに違っている場合は、**「これなら絶対に静かになる」という行動を伝えて実行してもらいます。**ある職場では、みんな静かに休みたい休憩時間にいつも片付けを始めて騒音をたてる「あの人」がいました。そこで上司が「休憩が終わるまでは、黙って本を読むように」と指示したら、静かにできるようになったそうです。

同じように、たとえば朝起きるのが早く何かと物音を立てて家族の眠りを妨げてしまう「あの人」には、「朝7時までは寝てて。眠れないならリビングで小さい音で動画を見てて」と、音が出にくい行動に代えるよう平坦な言い方で伝える対応が考えられます。

覚えていてほしいことがある

忘れても「思い出せる」ように備える

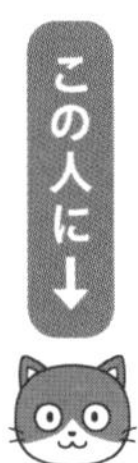

帰りに忘れず
クリーニング店で
引き取ってきて

あなたのスーツ

うん

帰宅後

クリーニングは⁉

あっ！
忘れてた！

これ書いておいて

忘れないでね！

わかった

まだ書いてないの⁉

あっ！

忘れてもいいように備える

忘れることを前提に備えたほうがいい

「あの人」に「ワーキングメモリが弱い」という特性や、「他者への関心が薄く頼まれたことを忘れやすい」という特性があることは、すでに第1章の**2**で書いた通りです。

つまり忘れっぽいのは変えられないので、周囲が「忘れるな！」「絶対に覚えていて！」と強く言っても効果は期待できません。

むしろ、忘れることを前提に「思い出せる」仕組みをつくっておくほうが賢明です。たとえば、次のようなやりかたはどうでしょうか。

①リマインダーを使う

メモや付箋などのアナログな方法から、スマホ、パソコンのアプリまで、**「やること」や「予定」を想起させてくれる便利なグッズやサービスは身のまわりにいろいろあります。**そのなかから使いやすいものを活用してみるわけです。

「あの人」が嫌がって使わない場合は、タイミングをよくうかがって勧めてみましょう。

忘れものをして本人が困っているときはチャンスです。

②結びつける、ルーティンにする

依頼・要望するときは「あの人」に関係することと結びつけて伝え、ルーティンのなかに入れていきます。たとえば「お昼を食べ終わったら、必ず犬を散歩に連れて行って。運動すると気持ちがいいし」などと頼むわけです。天候が悪いなら「今日は嵐だから休もう。濡れると大変だから」と理由を明確にすれば例外もあることを伝えられます。

「あの人」とルールを申し合わせて習慣化する手もあります。

・夕方5時から6時のあいだは、必ず家事を手伝う

・合図を決める。たとえば赤ん坊がいて妻の外出が難しい家庭の場合、「テーブルの上に旗が立っていたら買い物に行く」という申し合わせをしておき、旗が立っていたら夫のほうから「買う物ある？」と尋ねて頼まれたものを買いに行く

といった方法が考えられます。ポイントは「根気よく続けること」。最初は忘れるかもしれませんが、簡単にあきらめないでください。

共用スペースを散らかす

写真を見せて「原状復帰」を要求する

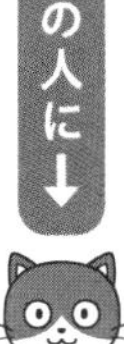

爪切り知らない？

このへんにあったはずなのになあ

散らかすなって言ってるでしょ！

散らかしてるわけじゃないよ

さっき届いたこの水はどうせすぐ飲むし

この上着は明日また着るし

リモコンもよく使うし

バッテリーは充電中だし

本はあとで読むし

コンビニ袋はゴミ入れに使ってるし

カバンは毎日持っていくし…

場所を決める（構造化）

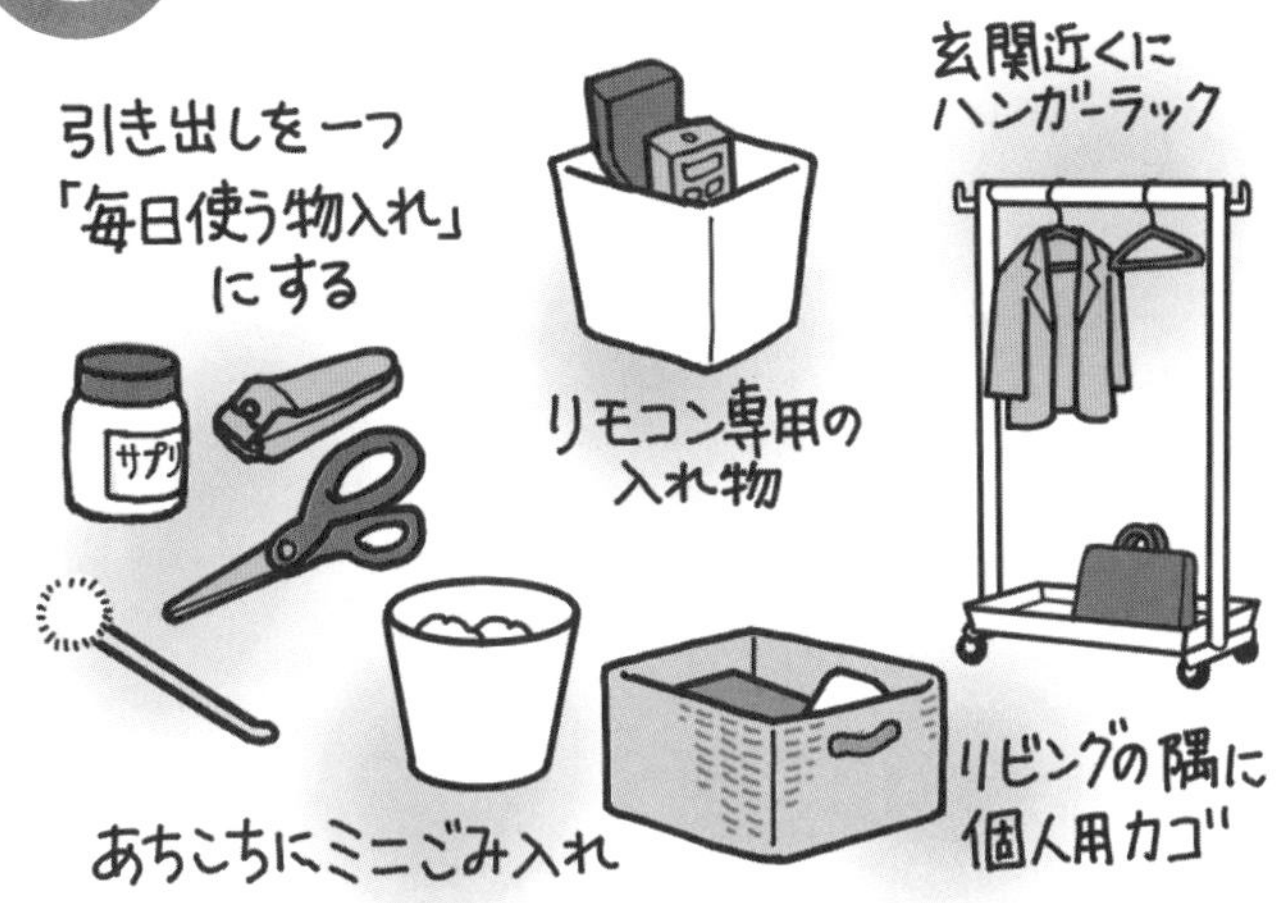
引き出しを一つ
「毎日使う物入れ」
にする
サプリ
リモコン専用の
入れ物
玄関近くに
ハンガーラック
あちこちにミニごみ入れ
リビングの隅に
個人用カゴ

写真を見本に原状復帰
寝る前までに
この写真どおりに
原状復帰してね

「共用の空間」という感覚が薄いので片付けない

リビングなど家族の共用スペースは、使ったら後片付けをするのが普通でしょう。他の人や後で自分も気持ちよく使えるように、私たちは片付けるのです。

しかし他者に関心が薄い「あの人」は、なかなかそんな気持ちになれません。いま自分が使っている空間は「自分のもの」であり、「みんなで共用している空間である」という事実に意識が向きにくいのです。

だから自発的に片付けようとはしないし、何を言われても134ページのマンガのような〝自分本位〟に見える口実で反論をすることがあるのです。

そんな「あの人」に後片付けをさせるのは簡単ではありませんが、たとえば、次のような働きかけをしてみてはどうでしょうか。

①物の住所を決める

収納場所にラベルを貼ったり、かごやトレーを用意したりして「物の住所」を決め、どこに片付ければいいかをハッキリさせる方法です。

これは、全体のなかでの各要素の位置関係を明確にする「構造化」と呼ばれるやり方で、この方法でうまく解決できた人もいるそうです。

しかし残念ながら、相談して住所を決めたのに「あとでやる」と言って片付けない「あの人」もいるようです。

そのような場合は、あらかじめもうひとつ箱を用意しておいて、

「2時間たっても住所どおりに置かれていなかったらここに入れるよ」

などのルールにするといいでしょう。

②視覚的に示して促す

この方法は、135ページ下段でイラストにしました。

まず、片付いた状態のリビングを写真に撮っておきます。そして後片付けが必要なときにその写真を「あの人」に見せて「原状復帰して」と伝えるのです。

目で見てわかるようにすることと、もうひとつ、言葉の選び方にポイントがあります。「片付ける」というよく使われる言葉にウンザリしていて、〈うるさい〉と感じる「あの人」もいますし、何をすれば「片付け」たことになるのか、基準や解釈は人によって異なります。

これに対し**「原状復帰」は「元の状態に戻す」という意味で、しかもその「元の状態」が写真でハッキリ見えていれば、どうすればいいか一目瞭然です。**

原状復帰と言われてもなおピンとこない「あの人」には、「この写真のとおり収納して」と嚙み砕いて伝えてみてください。

作業スペースを決めておく

共用スペースの片付け問題については、ほかにもいろいろなアプローチがあります。たとえば、あらかじめ「陣地」を決めておくのもいいかもしれません。「○○をするなら、必ずこの場所のなかだけでして」というふうに伝え、さらに作業スペースを区切るところまでしておくと、散らかる範囲を少しは抑えられるのではないでしょうか。

周囲がどう感じるか伝えるのも大事

他者の視点に気づけるような声かけを「あの人」にしてみましょう。発達障害傾向のある夫が調理器具を出しっぱなしにしたまま出かけようとしたので、妻が、「あなたが出かけた後、これ（出しっぱなしの器具）を見ると、悲しい気持ちになる」と言ったら片付けたというケースもありました。

自分で掃除をしてほしい

「段取り」をリストにして伝える

この人に↓

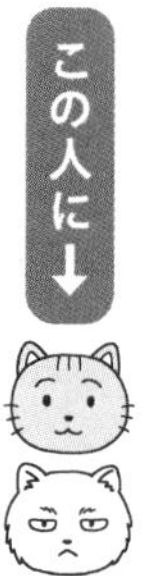

大そうじ

私はリビングを
掃除するから
あなたはあっちを
掃除して

了解！

ウィーン

これで
よし！

全然キレイに
なってない!!

ちゃんと
やったよ！

簡単な指示ですます

段取りで伝える

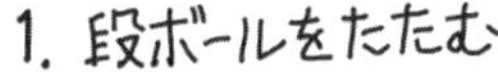

「キレイ」の基準は人それぞれ

掃除を頼んだのに、キレイにした形跡がまったくないと頭にきます。私もアキラさん（夫）に怒ってしまったことが何度もありました。どれだけ言っても効果なしでしたが、そんな失敗経験からわかったのは「怒っても状況は改善しない」ということです。

そもそも**何を・どこまでやれば「掃除した」ことになるのか、どんな状態が「キレイ」と言えるのかは、人によって異なります。**

ホコリひとつない状態が「キレイ」だとあなたが思っていても、「あの人」にとっては寝転べる場所があれば十分「キレイ」、なんてすれ違いもあるでしょう。このギャップを埋めなければ、問題は解決しません。

「掃除」を段取りに分解し、箇条書きにして渡す

まず、「掃除」という漠然とした言い方を変えるところから始めましょう。具体的な「段取り」を伝えてはどうでしょうか。たとえば、141ページ下段のイラストのような

リストを「あの人」に渡して、「この順番でやって」とリクエストするわけです。箇条書きにした各項目の下に、

- **新聞・雑誌はヒモで十文字に結ぶ**
- **部屋の隅は掃除機ではなく雑巾で拭く**

など、ごく手短に注意事項を添え書きすると、より正確になると思います。

空間を「小分け」にするのもあり

掃除が必要な空間を小さく分けるのもおすすめです。

たとえば棚を掃除するなら、そこに置かれたものを目印にして全体を部分に分け、「①まず人形があるところまで→②次に本が置いてあるところまで→③最後に向こうの端まで」といった具合に、順に掃除を進めます。

そして、いったん全部終わらせてから、気になる部分に戻ってもう少し掃除し直す、というふうに進めるといいかもしれません。

居室から物があふれそう

「処分せざるを得ない状況」をつくる

着ない服は
捨てたら？

ぎゅうぎゅう

いや　いつか
着るかもしれない

ここにずっと
置いてある古雑誌
ゴミに出していい？

まだ全部
読んでないから
置いといて

パソコンの箱
とっておくの？

ジャマ！

CAT TEC

修理に出すときに
あったほうがいいから

不用な物でいっぱい…

コッソリ
捨てようかな…

本人に無断で捨てる

客観的に伝える

放置された段ボールに
害虫が巣くって
家中が虫だらけになった話を
テレビでしてたよ！
キャ〜
え

「捨てて」の言葉に効果がない理由は

ついつい物をため込む「あの人」は、おおむね次のように感じているようです。

・「いまは使ってないが、いつか使うかもしれない」

本当に使うつもりでいるが、見通しは立っていない。でも捨てたら使えないので、いまは判断すること自体を避けたいと思っている

・「自分の所有物がなくなるのはイヤだ」

所有物＝わが身の一部という感覚がある。物がなくなると自分の思い出や体の一部もなくなるような感じがして不安になる

こんなふうに、それぞれの物ごとに「あの人」なりの思い入れがあるせいで、身の回りにあるのはすべて「いる物」になっています。「いらない物を捨てて」と言っても効果がないのは、きっとそのためでしょう。

解決は困難だが「できること」はある

この問題を解決するのは難しいのですが、それでも「あの人」に働きかける方法はあります。

最もシンプルなのは、「ひと部屋を犠牲にする」ことです。

私の夫・アキラさんの部屋もゴミ屋敷のようでしたが、私は〈本人の居室だけなら散らかっていてもいい〉と割り切り、もし部屋から物がはみ出していたらとりあえず居室に放り込む、という私なりのルールで対処していました。

言い換えると「あきらめる」わけですが、それがムリであれば次の方法はいかがでしょうか。

①伝え方をポジティブに変えてみる

これは専門家から聞いた話です。一人暮らしの「あの人」の例ですが、「捨てよう」「片付けよう」と言う代わりに、支援者が、

「おしゃれにしよう」

「部屋をかわいくつくろう」

などと伝えたところ、それがきっかけで本人が部屋の模様替えを始めて整理整頓ができた、というケースがあったそうです。**ポジティブな言葉で片付けた先にあるメリット（部屋がかわいくなる）をうまく伝えた**ことで「あの人」の気持ちが変わったのだと思います。

②折を見て自室スペースを小さくする

アキラさんも物が捨てられない人でしたが、一度だけガバッと処分したことがあります。引っ越しのときでした。

転居先の部屋は小さくて、どう考えてもアキラさんの物が全部入るだけの広さはありません。どうするんだろうと思っていたら、彼は大切にしていたレコードのコレクション数百枚をすべて処分したのです。

「大事にしてたのに！」と驚く私に、アキラさんは淡々と「新しい部屋には置けませんから」と答えました。**物理的に減らすしかない状況になったら、「あの人」もさすがに気持**

ちが切り替わるのかもしれません。

このように収納スペースを狭くすれば、アキラさんのように処分する可能性はあります。すぐできることではありませんし本人の同意も必要ですが、チャンスが訪れたら逃さないように心に留めておくといいと思います。

〝消費期限〟をさらりと伝えよう

収納を狭くするのも「あり」ですが、自分と「あの人」それぞれに同じ広さのスペースを割り当てましょう。「あの人」は目に見える均衡が好きなのを忘れないように。

139ページで「他者の視点を伝える」ことについて書きましたが、この問題についても同じことが言えます。「あの人」は使えるか／使えないかという基準だけで物を見ていることも多いので、その価値観にも働きかけておくといいと思います。たとえば、「使えるけど、消費期限は切れてるよね」などと、説得じみた言い方にならない程度にさらりと伝えるのも大事です。

子どもの世話を頼みたい

「やること」を精査してリスト化

2歳児と留守番

歯医者と役所に行ってくるから3時間くらい子ども見てて

まかせて

やだーー!!

あっちいくーー!!

ただいま…

エッ 汚(きたな)っ!!

おかえり

口頭であいまいな指示をする

リストアップして見せる

- リビングの中だけで過ごす
- トイレに行く時も一緒に
- 絵本を読んであげる
- 12時になったらごはん（冷蔵庫にあります）
- 子どもには子ども用の食事だけ（大人の食べ物はまだ早い）
- お菓子は3時に

「見る」の意味の捉え方が異なることに注意

家庭ではパートナーに「子どもを見てて」と頼んで出かけることがよくありますが、その言い方では「あの人」には伝わりません。

この場合の「見る」には「子どもの食事の世話、一緒に遊ぶ、危険な行為は止める、泣いたらあやす……」など、いろいろな行為が含まれています。

ところが、言葉を字義通り受け取ってしまう「あの人」は、**〈「見る（＝視線を送る）」だけでいい〉と、誤った認識をするかもしれません。**

私の家では「見ててね」と夫のアキラさんに頼んだら、子どもが転んで泣いても本当に「見ている」だけで何もせずオロオロしていた——という出来事がありました。解釈にギャップが生じない言葉を選んでハッキリ伝えなければいけなかったのです。

完璧を期すなら「居場所を指定する」ところまでやる

基本的な対策は「やること」を具体的にし、「見てわかるようにしておく」こと、すなわち151ページ下段のイラストのようなメモを渡すか、ポスターのように掲示することです。

具体化するときのポイントは2つで、ひとつは視覚化です。耳から聞いた音声情報は抜けてしまいやすいのが「あの人」なので、できるだけ見てわかるように工夫する必要があります。

そして「あの人」に伝える「やること」は、毎回精査します。子どもは成長が早く、〝昨日はできなかったことが今日はできる〟という場合もあり、思わぬ行動で「あの人」を混乱させるかもしれません。前回頼んだことであっても内容を考え直し、あらためてメモにしたほうが確実です。

これらに加えて事故やケガを間違いなく予防したいなら、刃物など子どもにとって危険な物をすべてどけたうえで、

「私が帰ってくるまでは、ここ（リビングの扉）から出ないで過ごしてね」

と伝えて、危険な物がある場所に行かないよう制限をかけておくのもいいと思います。

よその家では遠慮してほしい

「遠慮のしかた」を教える

この人に↓

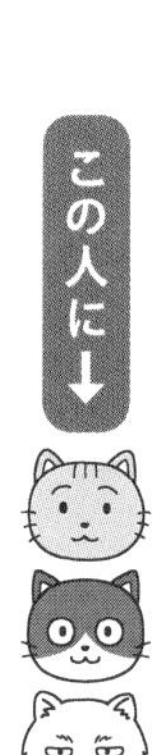

コレもらったよ
高級サクランボ！
すごい！どうしたの？

友達の家にいたらちょうどお中元が届いて
いいな～ぼくも欲しいな～
…って言ったら1箱くれた
エッ

言ってみるもんだね
えーっ！こんな高い物ねだったの⁉

そんな図々しいことしないでくれる⁉
「いいよ」と言うからもらったのに…

相手の常識に訴える

具体的に説明する

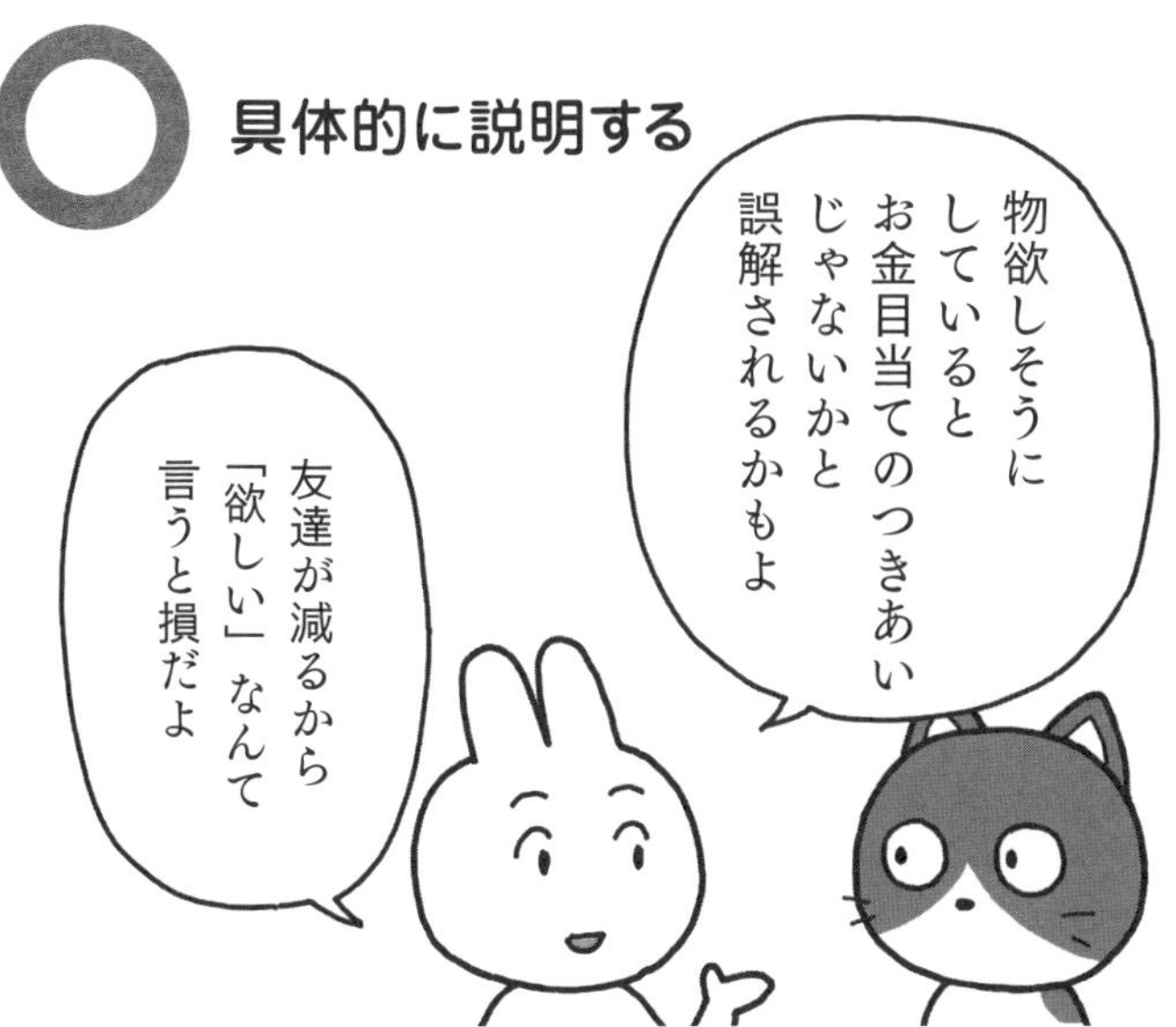

自制して生きるのが大人だが……

気持ちを素直に表現できるのはいいことですが、「ストレートに出してはいけない気持ち」もあります。

ところが暗黙のルールに疎く、言葉を字義通りに受け取ってしまう「あの人」は、態度で〈欲しい〉とハッキリと表現したうえ、**顰蹙を買っているとは気づかないまま、相手がしぶしぶ差し出したものを喜んで受け取ってしまうことがあります。**

あとから「こんなことがあった」と知らされて恥ずかしい思いをするのは家族のほう。なんとか「自制」してほしいものですが、どうすればいいでしょうか。

他者の気持ちと「遠慮のしかた」を説明する

こういうマナー無視に対しては、まずハッキリと「欲しがること自体がNG」だと伝えなければいけません。そのうえで**望ましい振る舞い方を丸暗記してもらいましょう。**そのほうが、「気を遣おう」「遠慮しよう」と伝えるよりも近道だと思います。

自制が必要な理由や「どのくらい我慢すればいいか」は状況によりさまざまです。「何」をすればいいのか、どんな応じ方があるのか、具体的な場面に即して左のマンガのように伝えてみてください。小さい子がいる家庭であれば子どもに教えるかたちで、「よその家では遠慮するのがマナー。物欲しそうにする人は嫌われるよ」という話を子どもにすると同時に「あの人」に聞かせるのもいいでしょう。

そんなときは「旬だよね」とか「そんな季節か」と言うといいよ
話も広がるし
目の前で開けたということはその場で一緒に食べようと思ってたかもしれないし
何にしても相手が決めることだから自分の気持ちは引っこめること
子どももみたいに欲しがるのは恥ずかしいよ
きらわれたらイヤでしょ?

遅くなるときも連絡がない

待たずに「予定通り」行動する

この人に↓

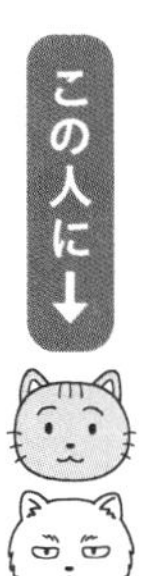

おかしいな…
まだ帰って来ない
カツ揚げようと
思ってるのに…

連絡しても
未読…
まだ仕事中？
20:15
何時頃帰る？
20:30
わかったら連絡して
20:45
まさか何か
あったのかな!?

ただいま
おかえり！
遅かったね
すぐご飯にするよ

同僚と居酒屋に
行ったから
ご飯はいいや
だったら連絡
してほしかった！

○ 無理して「あの人」に合わせない

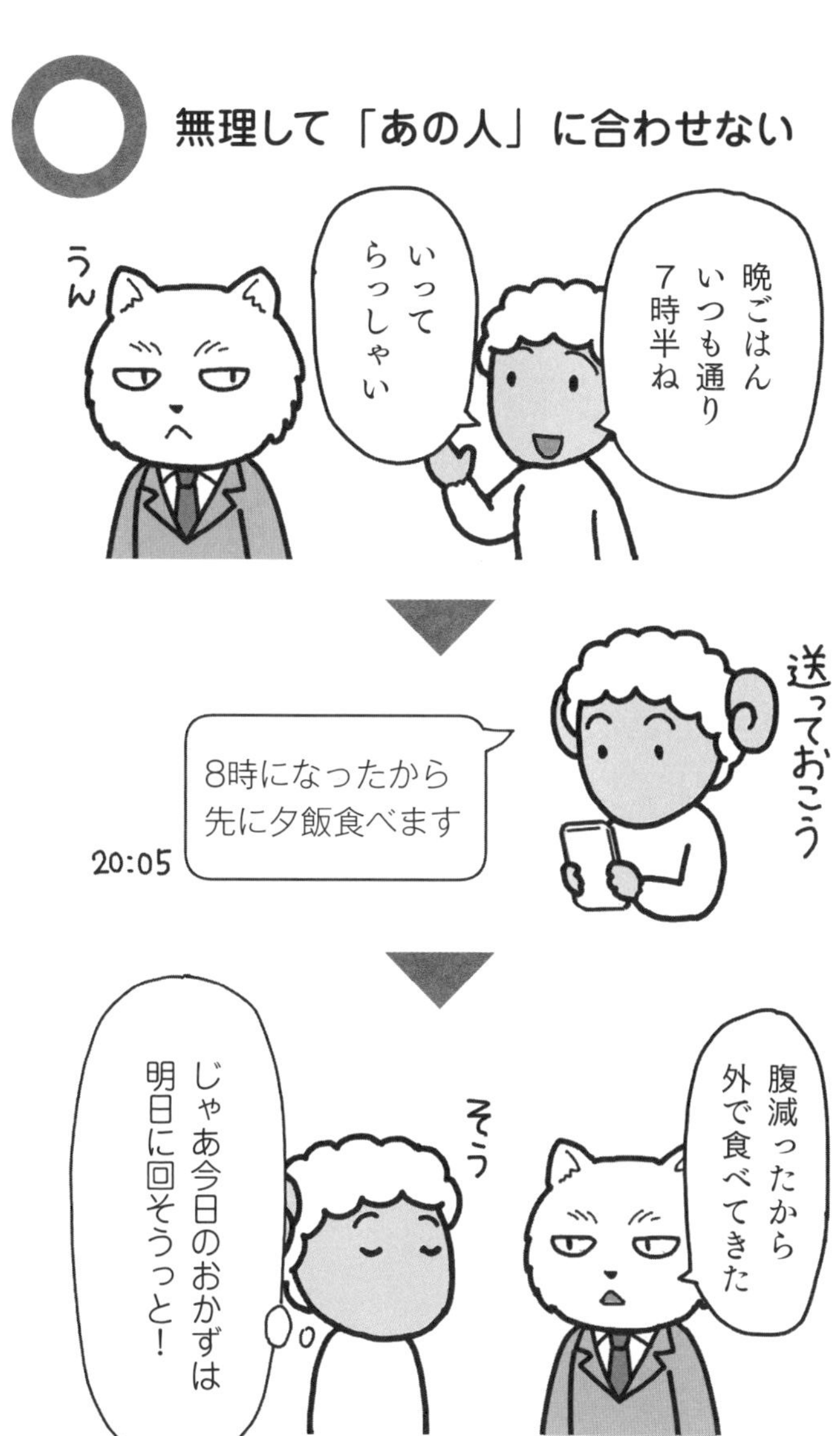

できることはいろいろあるが……

158ページでマンガにしましたが、「あの人」から連絡がないせいでパートナーが待ちぼうけ……というのはよくあるケースです。

他者の立場で物事を考えるのが苦手なので、

・パートナーが「連絡が欲しい」と伝えても連絡する必要性がわからない

・「連絡する」と言ったのに、いざとなると忘れてしまう

ということも起こりやすいのが困りもの。

「今日は何時に帰る?」と聞くとか、いつ・何を言うか定型化・ルール化していつでも目に入るようにする(第3章の**25**参照)といった対策はぜひ試してもらいたいと思いますが、それでもうまくいかない、もう面倒――と感じたら、「あの人」に返答を期待するのはやめて、「予定を伝えてその通り実行する」ようにします。つまり、

「今日のご飯は○時」と伝えておき、定刻になったら食べ始める

というルールを決めて、待つのをやめるのです。

夕食に限らず、何事もそのようにすれば、少しはストレスのもとが減らせるでしょう。事前に「〇時になったから予定通り先に食べるね」と、**メールなどで「あの人」に一報入れておくと、なおいいと思います。**「勝手に食べた！」と誤解されるのを防げます。

「自分のため」と考えを切り替えてみる

食事をつくっておいても、帰ると言った時間に帰ってこなかったり、犬食いをしたり、料理に感想のひとつもないなど、相手のことを思って料理しているのに、「あの人」がそれをわかってくれないというのは相当つらいことで、大きなストレスになります。「自分のため」と考えて、自分の好きなものをつくり、自分自身を大切にするのも大事なことだと覚えておいてください。

食卓を汚しても気にしない

「汚れてもいい工夫」をしておく

この人に↓

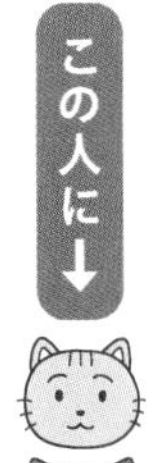

夕食

あー！
こぼさないでよ！

ポタ
ポタ

前も言ったけど
お皿をもっと
近づけて！

お茶碗は
手に持って！

あと
コップを
そんな端に
置くと
危ないよ！

うるさいなあ

食卓の環境を整える

食器がテーブルに散らばったような状態で置かれていると、うっかりこぼしてしまいやすい

お盆やランチョンマットなどで範囲が明確になれば、自然と固まった状態で食器を置くようになる

人ではなく「環境」にアプローチ

１６２ページでは、少し離れたところにある料理を取ろうとして汁をこぼす「あの人」を紹介しましたが、実はこれ、私の夫・アキラさんのことでもあります。

汁気の多いものを移動させるとどうなるか、結果を見通すのが苦手だからこんなふうにテーブルを汚してしまうのでしょう。

「取り皿を寄せてからすくってね」

と言ってもそうしませんでした。本人にとってはどうでもいいことだったのかもしれませんが、汚れるし、後片付けが大変になるし、私にとってはストレスでした。

その当時はいい対策が思いつきませんでしたが、いま考えると**「環境」を整えれば改善できたかな**……という気がします。

たとえば、１６３ページ下段のイラストのように**「ランチョンマットを敷く」**という手があります。こうすると、食器を並べる範囲が自然と限られるので、お皿を寄せて置くようになりますし、少々こぼしてもテーブルが汚れません。

汚れたマットは洗わなければいけませんが、最悪捨てることになってもいいように、惜しくない安価なマットを使う方法もあります。

「食べ物をこぼす」への対策としても

ほかにも、食事のトラブルはいろいろ聞く機会がありました。
よくあるのはコップや茶碗に腕や肘をぶつけてひっくり返してしまうことです。
その原因としては、

- **ボディイメージが曖昧で、物との距離感をつかむのが苦手**
- **手先が不器用だったり、力加減がうまくつけられなかったりする**
- **複数のことに意識を向けるのが苦手（テレビに気を取られて食事がおろそかになる）**

など、いろいろあるようですが、「こぼすな！」と怒っても直るものではありません。

むしろ、撥水（はっすい）加工されたテーブルクロスを敷いてテーブルが汚れないようにするとか、「食事中はスマホもテレビも禁止！」と決めて食べることだけに集中する、といった対策のほうが効き目があるでしょう。

食事のマナーを改善してほしい

「よい食べ方」を伝える

この人に↓

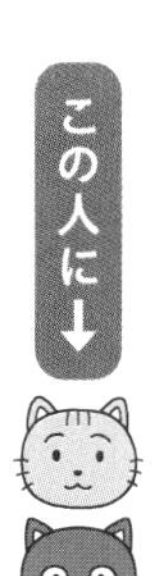

ははは

姿勢が悪いよ
ヒジつかないで

くちゃ
くちゃ

うまい

くちゃくちゃ音を
たてるのやめてよ

そんなに音出してる
つもりはないけど

口に食べ物を入れた
まま話すのやめて

いちいち
うるさいなあ

行儀が悪いからだよ

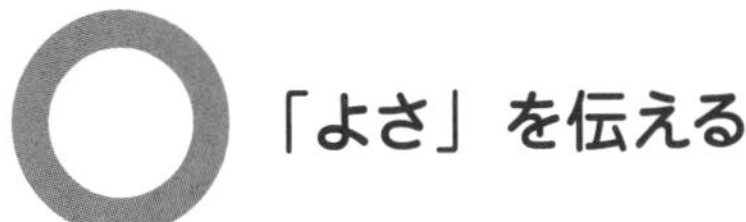

「よさ」を伝える

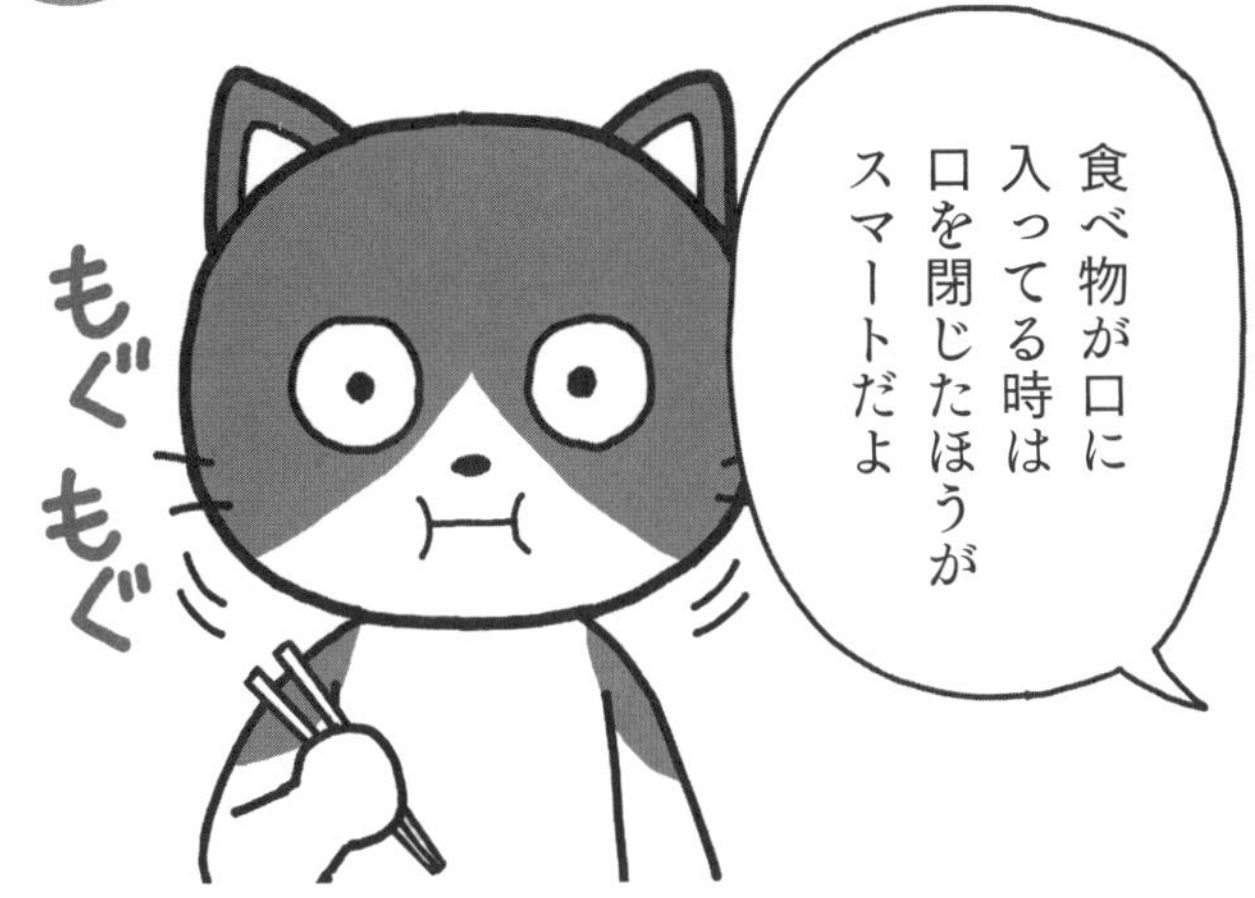

子どもを介して教える

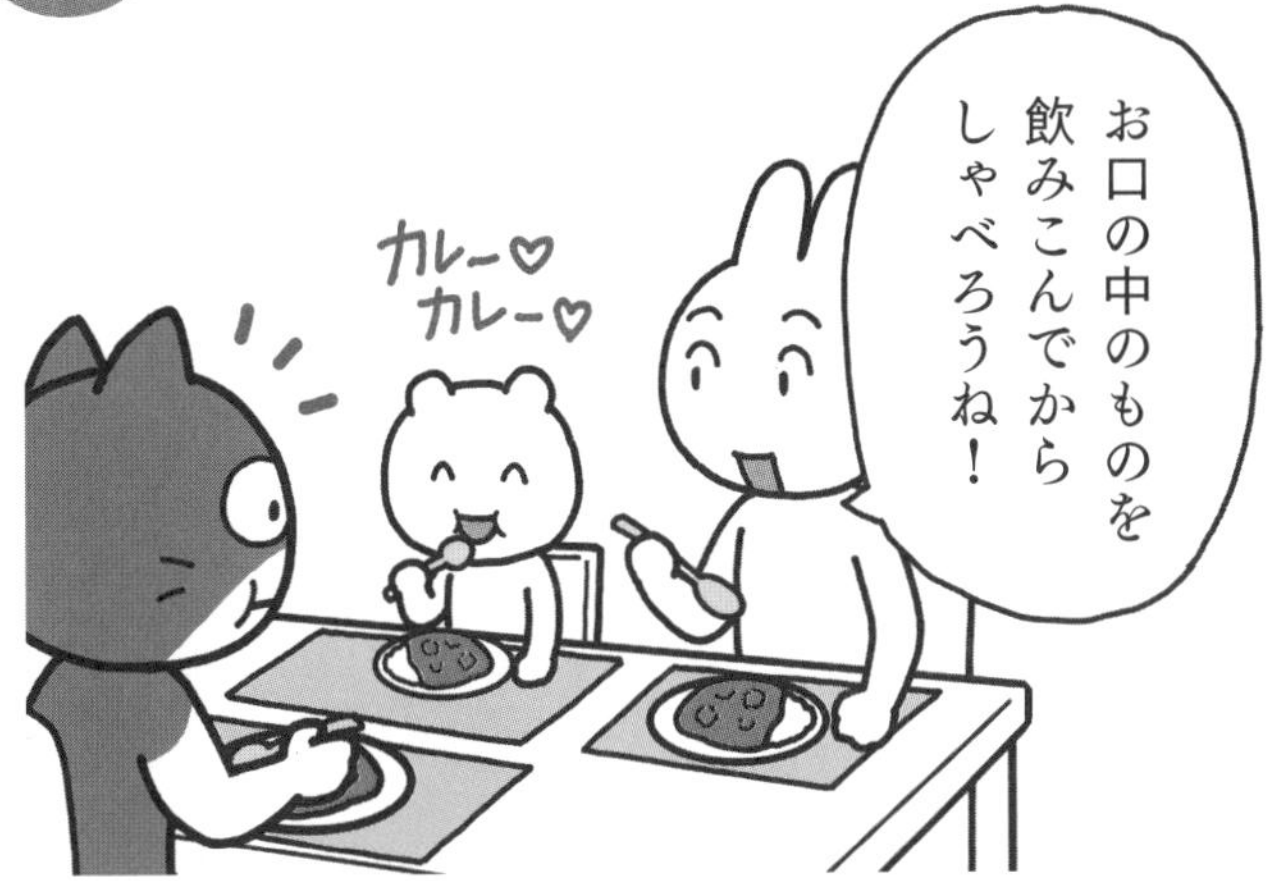

お口の中のものを飲みこんでからしゃべろうね！
カレー♡カレー♡

「望ましい食べ方」を前向きに伝える

・食べ物を口に入れたまましゃべろうとする
・クチャクチャとうるさく咀嚼（そしゃく）音をたてて食べる
・かがみこんで犬食いする

などのマナー違反が目立つ「あの人」に、「行儀が悪い」とか「マナーを守ろう」と呼びかけてもなかなか伝わりません。**他者からの視線に鈍感なので、注意されてもいまいちピンとこないのです。**また、第3章の**26**でも書きましたが、「普通はこう」という説得には容易に反論できてしまい、説得力がありません。

行儀の悪さを指摘されると、「恥をかかされた」と不機嫌になることもあります。「〜しないで」というNG指令（第2章の**9**参照）はやめて、何をすればいいかハッキリわかる言い方で「よい食べ方」を伝えたほうが聞き入れてもらえます。たとえば、「口に食べ物を入れたら、口を閉じていたほうがスマートだよ」とアドバイスをするのもいいでしょう。

「猫背で食べると胃に負担がかかるから、背中は起こしたほうがいいよ」と、まずデメリットを強調してからアドバイスするのもいいかもしれません。

パートナーの視点を入れた呼びかけも

「素敵な夫（妻）でいてほしいから」など、自分の視点を入れた呼びかけもいいと思います。また、食事中にテレビをつけていると、よけい他者の視線に鈍感になるので前節に引き続きここでも食事環境を整えるようにしましょう。

「あの人」を反面教師にしてはいけない

「あの人」が見ているところで、子どもに「これが正しい食べ方だよ」と教える方法もあります。ただし、マナーを守れない「あの人」を反面教師扱いして、聞こえよがしに「あんな食べ方はダメだ」と子どもに言うのは、本人を傷つけるだけなので控えてください。

一人分を考えずに食べる

「本人の分」「予備」を取り分ける

この人に↓

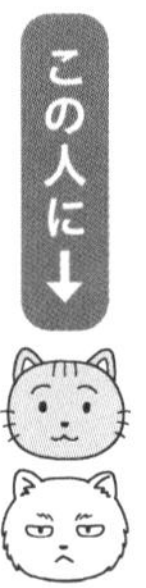

食べていい量を明確に

意識が食事だけに限定されてしまう

鍋やお刺身の盛り合わせ、煮物など、大皿に盛られたものをシェアする食事のとき、ひとりで食べすぎてしまう「あの人」がいます。

でも悪気はないのです。では、なぜ〝独り占め〟するのかというと——

・**全体の量を見て「自分が食べられる分」の目安をつけるのが苦手**

・**「食べる」「話す」の両方に意識を向けることができず、「食べる」ことだけに集中してしまった**

・**他の人の様子に目が向かない（他の人がまだ食べていないことに気づけない）**

などの理由があるようです。

2つのことを同時に行う「ながら作業」が苦手な「あの人」は、会食で「会話を楽しみながら食べる」ことがうまくできません。

好物だとなおさら食べ物だけに集中しすぎてしまい、〝独り占め〟状態に気づけなくなるようです。

「独り占め」が起きない環境を整えよう

「取りすぎだ！」と怒るより、食べ始める前から〝独り占め〟状態を避ける策を立てておくことをおすすめします。

たとえば、

・「一人分」がわかりやすいメニューや盛り付けにする
・数がハッキリわかるものを用意して、たとえば「一人5個まで」と明確にする
・鍋などは、一人分ずつ取り分けたり、〝予備〟の食材を残しておく

こんなふうにすれば、その場にいる全員がストレスなく食事を楽しめるでしょう。

嗜好品を摂りすぎる

一日分を取り分けて残りは「隠す」

この人に↓

明日 休みだからって飲みすぎないでね
おやすみ
プシッ

数時間後
つけっぱなし
グォ〜〜

翌日
二日酔いで動けない…
だから言ったのに！

もう少し控えないと体に悪いよ？
う〜ん

量を決め残りはしまう
1回分を決める
とりあえずビールは2缶で…焼酎は何杯にする？
んー…4杯かな
じゃ200ccね
それ以外は隠す
あずかっておきます
飲んでよい量
BEE
専用ビーカーで特別感を演出したり…
終了時間を決めアラームをセット
アラーム
0:30
水をのむ
1:00
ねる
スヌーズをかけても

数値で正確に制限するといい

空気を読むのが苦手・人の気持ちを察するのが苦手な「あの人」は、外（職場など）で人より多くのストレスをため込みがちです。その影響なのか、お酒を飲みすぎたりタバコを吸いすぎたりしてしまう、というケースも多いのだそうです。

ほどほどならまだいいのですが、明日の予定があるのに飲み続け、夜更けまで深酒、そして二日酔い……というのは困りもの。さらに言えば、依存症やその他の体の病気も心配です。

嗜好品をスパッとやめるのは難しいでしょうから、**まずは摂取量を一定に制限するところから始めてみるといいかもしれません。**

実際、以下に書く方法で〝節酒〟を成功させた人がいました。175ページでイラストにしましたが、もう少し詳しく紹介すると、まず「ビールなら350ml缶2本まで」「焼酎は200ccまで」と、その日に飲んでよい量を数値でハッキリ決めたそうです。そして、

飲み始める前に計量カップで焼酎を200cc取り分ける

←

残ったお酒は見えないところにしまっておく

というルールをつくって実行したのでした。このほかにも、

・飲む時間を決めてアラームをセットしておき、鳴ったら飲むのをやめる

・テレビを見ながら飲む癖がある人は、番組が終わったら飲むのをやめる

など、終了時間を「あの人」自身に決めてもらう方法もあります。

直球でリスクを指摘するとやめる人もいる

本当に気がかりなら、真剣にリスクを指摘するのもいいかもしれません。深酒がやめられなかったのに、「人に言われないと行動がコントロールできないのは成人として異常事態だ」と家族から指摘されて、びっくりしてお酒をやめた、という人もいました。

このように、発達障害がある人は、お酒でもタバコでも「やめる」と決めるとキッパリやめることがあります。

ふさわしい服装ができない

服を分類し着るものを指定する

この人に↓

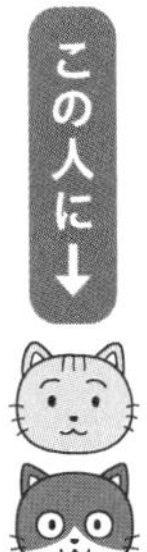

結婚記念日に外食

えっ その格好で行くつもり!?

いつものTシャツ

いつものジーパン

いい店を予約したんだからもっとちゃんとした服にして!

わかった

これでいい?

新しいTシャツ

新しいジーパン

そうじゃなくて～

シャツはコレ ズボンはコレ このジャケット着て!

まかせるよりこのほうが早い

こんなのあったっけ

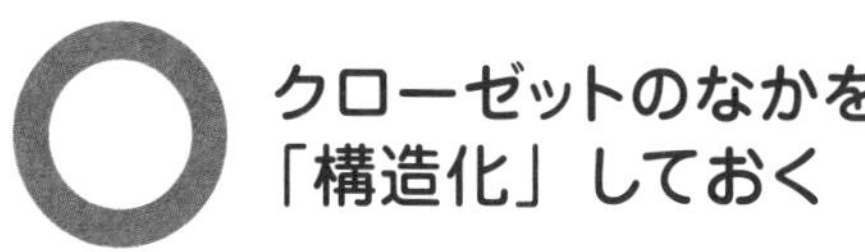

クローゼットのなかを「構造化」しておく

ゾーン分けする

ふだん着　仕事　よそいき　正装

仕切りになる物（除湿剤など）

下着　仕事小物　よそいき小物

パジャマ　普段用小物　正装小物

引出にラベルを貼る

なぜ「ちゃんとした服装」ができないのか

服装でミスをしやすいのも「あの人」にはよくあることです。

私の夫・アキラさんは、結婚式の招待状に「平服でお越しください」と書いてあるのを見て、私の制止も聞かず普段着で出かけていき、赤っ恥をかいたことがありました。

失敗を自覚できるならまだいいのですが、服装にまったく頓着しない「あの人」もいます。たとえば、

・「これしか着ない」と決めていて、職場でもどこでも同じ服装で行こうとする

・気に入った服は、どんなにくたびれて穴が開いていても着続ける

こんな「こだわり」を捨てられない人もいると聞きました。

空気を読むのが苦手で独特なこだわりもある「あの人」に、その場にふさわしい服装をしてもらうにはどうすればいいでしょうか。

本人まかせにせず教えたほうが無難

服装を本人にまかせないことがいちばんです。**「あの人」にきちんとしてほしいのであれば、面倒でも「望ましい服装」をその都度コーディネートしてあげたほうがいいでしょう。**１７８ページのマンガのようにするのをおすすめします。

服の組み合わせに無頓着で（あるいは組み合わせ方を知らなくて）、服装がおかしなものになることもあります。

そういう人には、口頭であれこれ言うより、葬儀など、「絶対にちゃんとした身なりじゃないとダメなとき」だけでも着る服を指定したほうが間違いがありません。

また、アキラさんのようなケースでは、まずインターネットで服装を検索して本人に画像を見せて、

「結婚式の〝平服〟って、『正装ではない普通のスーツ』という意味だって！」

と、客観的な情報として伝えてもよかったな――と思っています。

本気で「それはヤバイ！」と伝えるのもあり

余談ですが、「その服装は本当にヤバイ！」と伝えたらうまくいったことがありました。

昔、アキラさんがとんでもない服を買ってきたことがありました。わざわざ描写するのも憚(はばか)られるくらい恥ずかしいデザインで、40歳を過ぎたいい大人が着て街を歩くなんて考えられないようなものでした。ビックリした私は、思いとどまらせたくて、

「その服ヤバイって！　ヤンキーの中学生が着る服だよ！」

と言ったら、アキラさんは速攻でその服を捨てました。本気で危機感を伝えれば改善されることもあるみたいです。

あらかじめ服を分類しておく

発達障害の専門医から、「収納スペースを分けるといい」というアドバイスをもらったこともあります。

ちょうど179ページのイラストのように、クローゼットのなかを、

- **正装**
- **よそいき**

・仕事
・ふだん着

などのゾーンに区切って構造化しておき、着用のＴＰＯが一目でわかるようにするわけです。これは効果があると思います。

服のカテゴリーを決めておこう

暑さ・寒さに鈍感で、季節にあった服装ができない当事者もいます。これは後述する感覚過敏（１８９ページ参照）とは逆の「感覚鈍麻」（感覚がにぶい）という発達障害の特性です。この特性がある場合は、たとえば「最高気温が15℃以下なら冬服」と決めておくと多少選びやすくなるかもしれません。

帰宅直後は「一人の時間」を提供しよう

発達障害やグレーゾーンの人は、社会では頑張って特性を抑え込み、できるだけ「普通」に振る舞うようにしていたりもしますが、それゆえに無自覚のうちにストレスをため込んでしまいやすいのです。

そんな当事者にとって、家は何も気にせずに過ごせる数少ない場所のひとつ。ところが、帰ってくるなりパートナーなどからあれこれ話しかけられたり、小言を言われたりしてはたまりません。〝いっぱいいっぱい〟のところにストレスが追加され、悪くするとイライラして怒りだすことすらあります。

とくに発達障害の特性がある人にとっては、帰宅してすぐに、家族と社会的なやりとりをするのはキツイことなのです。帰宅直後は自分の部屋に30分ほど閉じこもって、好きな時間を持てるようにしてあげましょう。

クールダウンしてからのほうが、家族とうまく接することができると思います。

第5章

「あの人」と話し合うときの心得

話し合いで最優先にすべきこと

「拒絶」されないようにする

最も大切なことは何か

この章と次の第6章では、「あの人」と一対一で上手に話し合うための心得とコツを紹介していきます。

話し合いのとき、いちばん気をつけたいのは、「あの人」が話し合うことに対して拒否感を持たないようにすることです。つまり、**「話すのはもうイヤ！」とならないよう、策をめぐらしておく必要があるのです。**

過去に、話し合いのなかで強く批判されたり責められたりして、ちょっとしたトラウマを抱えている「あの人」もいます。

そんなトラウマがある人はコミュニケーションに対する苦手意識が強く、話し合い自体に消極的です。再び〈傷つけられた！〉と感じたら、どんなに大切な話し合いにも二度と応じてくれなくなるかもしれません。そのような事態だけは回避したいところです。

配慮ではなく「戦略」と考えよう

私は夫のアキラさんとの話し合いで、つい感情的になることがありました。話し合いのテーマが子どもに関わることや、アキラさんの借金だったので、本音を言えば感情的になるのも仕方なかったと思います。

ですが、感情をぶつけられたせいか、いつしかアキラさんのなかでは私との話し合いが「イヤなもの」になり、私が「話したい」と声をかけただけで心を閉ざすようになってしまいました。いったん心を閉ざされると、私が何を言っても届きません。

職場であれ家庭であれ、「あの人」が話し合いの席でこんなふうに〝拒絶モード〟に入ってしまうのは最悪の状態です。

この章と次の章で紹介することは「あの人」への気遣いや配慮に見えるかもしれませんが、実はそうではありません。「最悪の状態」を避けるための戦略です。

「あの人」をあなたの土俵に招き入れ、少しでもいいほうへと導くための技術とも言えます。そう思って読んでもらえると嬉しいです。

環境面にも注意

これは話し合いに限ったことではありませんが、コミュニケーションをとるにあたっては「感覚」の問題を見過ごさないようにしてください。

なかには、「特定の音がひどく耳障りに聞こえる」「他の人が気にしないような匂いに気づく」「気温や気圧の変化に弱く、体調を崩しやすい」などの「感覚過敏」と呼ばれる身体的な特性のため、より不安・不穏になりやすい人もいます。匂い、音など感覚的なストレスによって心理的な余裕がなくなっているときは、どんな人でもイライラしやすくなりますよね。

感覚過敏が疑われる場合は、たとえば「気圧のせいなんだね」などと言語化してあげてもいいかもしれません。感覚の問題に気づくことで感覚過敏の程度が軽くなることがあります。指摘する側も「自分のせいではない」と気が楽になるのではないでしょうか。

急な変更は混乱のもとになる

「やる」と決めたら必ず話し合う

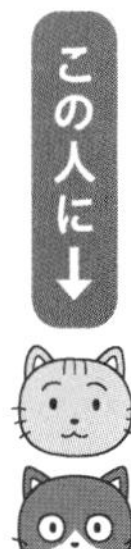

△ すぐに中止する

○ できるだけ待つ

話し合いを習慣に。変更は原則NG

話し合いは、習慣として定着させることを目指します。

そのためにも、いちど「やる」と決めて日時を設定したら、基本的に変更はNG。話し合いの日時はできるだけ早く決め、ほかの予定は極力入れないようにします。

都合が悪くなったときは、せめて3〜4日前にはスケジュール変更の相談を。もし話し合いの直前（前日や当日など）に変更が生じたら、日はずらさず時間だけずらすなど、**とにかく「必ずやる」という姿勢を崩さないようにします。**

以上のようなルールをハッキリさせ、お互いに守れば、スケジュールの変更に弱い「あの人」を混乱させずにすむでしょう。

話すことがなくても「話し合う」

話し合う習慣ができてくると、「とくに話すことがない」という日もあるかもしれません。そんなときは「報告」をテーマにします。たとえば、

・今週（今月）の振り返り
・来週（来月）の予定の確認

などを話せばOKです。とにかく短時間でも「ちゃんと話す」意識をお互いに植えつけ習慣化するのがポイントです。

思いを言葉にして伝えあおう

発達障害・グレーゾーンの人は、周囲から「何を考えているかわからない」と苦情を受けることが少なくありません。

また、雑談が苦手な人も多く、仕事上で必要な最低限のことすら、周囲とわかりあえないままになってしまう場合があります。

そんな〝相互無理解〟を解消するうえで、上司や同僚、あるいはパートナーと話す時間をきちんと設定するのは意義深いことです。お互いに「思い」を言語化する習慣をつけるのが大切です。その意味で、夫婦間でも企業がよくやっている「ワン・オン・ワン・ミーティング」のような話し合いをするのは悪くないアイデアで、おすすめできます。

もうひとつ、私は交換日記のようなものをつくることもおすすめしています。その日あった「いつもと違うこと」を記す、あるいは相手への質問を書き込んで答えてもらうなどして、日々やりとりするという決まりを設けるのもありです。

以前は紙のノートしかありませんでしたが、いまはSNSもメッセージアプリもありますから、手軽に始められるのではないでしょうか。

44

話し合いの場が荒れないように

「表情・口調・感情」に注意する

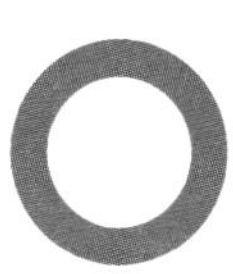

ソフトにすり合わせ

今週の振り返り

まずは自分から態度を変えていく

話し合いが「怒りのぶつけ合い」「ダメ出し」にならないように気をつけましょう。目標やルールがある職場では建設的な話し合いをしようとする人でも、家庭ではそういう気持ちが薄れがちです。

〈相手が怒っている〉と思ったとたん、「あの人」のなかには不安や恐怖が湧き上がってきます。そうなるともう、話を聞くどころではありません。

フリーズして周囲からの刺激を完全にシャットアウトする人もいれば、攻撃的になることで自分を守ろうとする人もいます。

せっかくの話し合いを無駄にしないために注意したいポイントは次のとおりです。

●表情……「真剣」ではなく「やわらかい」表情で

「発達障害やグレーゾーンの人は、人の表情や感情を読むのが苦手」とよく言われますが、表情をまったく読みとれないわけではありません。

ただ、理解のしかたが独特で、真剣な表情を「笑っていないから怒っている」と解釈して〝拒絶モード〟に入ってしまう「あの人」もいます。

話し合いのときはできるだけ柔和な表情をつくってください。少し微笑むか、それが無理なら、**せめて眉根を寄せないようにして口角を上げるだけでも**表情が〝笑顔っぽく〟なります。

表情をつくれないときは、いっそ顔を隠し気味にするほうがいいでしょう。少しうつむいて「あの人」に話しかけるか、もしくは後述するように（第6章の**52**参照）、席の位置によって顔が目に入りにくくなるようにする

のも「あり」です。

●口調……意識的に呼吸を入れる

声高に畳みかけるように次々としゃべらないようにするのが賢明です。平坦に、淡々とゆっくり伝えてください。**一文が終わるところ（文章でいう「。」がつく位置）までしゃべったら意識的に一呼吸おく**といいでしょう。

私は、話し合いで夫のアキラさんが黙り込むとつい強い口調で問い詰めていました。でも、それでは伝えたい話がまったく届かないことを痛感したので、今では注意するときは冷静に、ときには冗談めかして笑いながら伝えるようにしています。たしかにそのほうが、言葉が「スッ」と彼のなかに入るのが見て取れます。

●感情……重い話題ほど冷静に

楽しいことばかりが話し合いのテーマになればいいのですが、そういうわけにもいかないでしょう。

重い話題だとよけい感情的になりがちですが、「あの人」との話し合いでは、こらえてください。

感情がこもったメッセージが届きにくいことは、すでに第2章の12に書きましたが、**重い話題ほど冷静に、感情を抑えて話したほうが、「あの人」には伝わります。**

「届かなければ意味がない」——そう割り切って、ヒートアップする感情を抑えたほうが得策です。

以上、冷静になる（冷静を装う）方法を紹介しました。言うまでもありませんが、冷静になる努力は「あの人」にも求められている

感情がこもって抑揚のついた言葉は「あの人」には届きにくい

ことです。

しかし、他人を変えたいならまず自分から、とも言われます。〈なんで私が、こんな演技をしなきゃいけないの!?〉と思うかもしれませんが、「あの人」ときちんと話し合うためには表情や口調を〝つくる〟心がけが必要になります。

「あの人」と衝突しそうなら
上手に「中断」してクールダウン

×　感情のまま話す

○　気を鎮めてから話す

落ち着け…

焦らないことが大事

すぐ前の44では、冷静に話すのが大切と書きました。その内容とも関連しますが、「あの人」との話し合いでは無理に結論を出そうとしないほうが賢明です。

焦りからくるイライラは、間違いなく話し合いをダメにします。

とはいえ、どうしても〈待てない！〉とジリジリしてしまったり、話し合いのテーマによっては怒ったり泣いたりしてしまう……ということもあるでしょう。

感情が高ぶってきたら、迷わず話し合いを中断してその場をいったん離れてください。

小休止して冷静に戻れたら、また話を再開してもＯＫです。

高ぶった感情をどうしても抑えられない場合は、**次回に持ち越しても問題ありません。〈もう話し合いはこりごり！〉となってしまうより、延期するほうが長い目で見ればよほどいいのです。**

「あの人」についても同じことが言えます。「あの人」があなたに結論を急がせたり、イライラしてくるようであれば、感情が爆発する前に話し合いを中断すべきです。

「せっかく時間をとったんだから、有益な成果を出さなくては」と頑張る〝タイムパフォーマンス〟重視の考え方は、「あの人」との話し合いでは捨てたほうが賢明です。

適当な理由をつけて少しその場を離れてクールダウンしてもいい

なだめようとするのは逆効果

話し合いのなかで相手が怒り出してしまったとき、なだめて会話を続けようとする人がいますが、私はあまりおすすめしません。

相手をなだめるためにかける言葉は、どうしても否定形になりがちです。たとえば「怒らないで」「大きな声を出さないで」などがいい例ですが、否定形の言葉をかけられた「あの人」が、自分自身を否定されたかのように感じて、もっと怒り出してしまう可能性があるからです。

とくにお互いが感情的になっているときは、なだめるつもりでかけた言葉の口調も自然と強くなり、なおさら誤解を生じさせやすくなります。ですから無理に相手をなだめるより、中断して次回に持ち越したほうがいいのです。

「いきなりダメ出し」はNG

「そうだよね」「反復」で共感を示す

この人に↓

× 否定・反論から入る

NO!

○ まず受けとめる

そうだよね

じゃあ
こういうのは
どう？

納得できない言い分にこそ価値がある

話し合いをしていると、「あの人」から身勝手な意見や要望を聞かされることがあると思います。ですが、いきなり「それはダメ！」「無理！」と頭ごなしに否定するのは避けてください。

意見をバッサリ否定されると、そこから先は「あの人」が話しにくくなり、〈ちゃんと聞いてもらえなかった〉という不満も残ります。**自分のことを全否定されたと誤解する人もいる**でしょう。

ここで少し発想を変えてみると、話し合いの持つ別の意義が見えてきます。

あなたが〝ダメ出し〟をしたくなるポイント、そこには価値観の違いが表れています。違いがハッキリするのは、話し合いのターゲットがより明確になったという意味で「いいこと」だと言えます。

そんなふうにリフレーミング（捉えなおし）して、「あの人」の言い分に耳を傾けてみてください。そして話が一段落したら、**まずは「そうだよね」と肯定します。**「そうなんだ」「あなたはそう思っているんだね」などでも構いません。棒読みでもいいので、相手の言葉を受けとめたというサインを出すのです。

受けとめることで、まず相手に安心感を、そしてあなたの心に落ち着きを与えます。反論や妥協は、その後はじめても遅くありません。

頭ごなしの「ダメ」に効果なし

そもそも、いい歳をした大人に「ダメ！」と厳しく言っても従うはずがありません。その意味でも、ダメ出しは徒労に終わることが多いのです。

たとえば私の夫のアキラさんは、グロテスクな描写のあるホラー映画やゲームを子どもと一緒に見たがる悪い癖がありました。

子どもは怖がっていたし教育上もよくないので、私は「小さい子にそんなの見せないで！」とビシッと言ったのですが、その後もときどきこっそり子どもに見せていたようで、何度指摘してもアキラさんの行動はあらたまりませんでした。

いま考えると、自分にとって面白いものを子どもとシェアしたかっただけかもしれません。その気持ちをまず受けとめる態度を見せてから言えば違ったかも……と、ちょっと反省しています。

「反復」という方法もおすすめ

アキラさんがホラー映画を見せたがる件については、たとえば「今見せると子どもが夜うなされそうだから、せめて中学（または高校など）に入ってからのほうがいいかもね」と伝える手もあります。

ちなみに共感を示す手段としては「反復」もおすすめです。たとえば「あの人」が「今日は疲れてるんだ！」と怒った調子の声で言ったとき、あなたが「その言い方は何だ！」と応じるとケンカになりますが、

「疲れてるんだね。大変だったたね。私だったら先にお風呂に入っちゃうかなー」

というふうに、言われたことをくり返したあとで意見を言い添えてみるわけです。

発達障害・グレーゾーンの当事者は、表情は平然としていても、実は孤独を抱えている場合があります。そういう人は傷つきやすいので、共感してみせるのは大切なのです。

話が終わったら引きずらない

「延長戦」「場外乱闘」は絶対ダメ

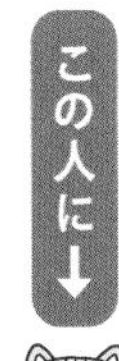

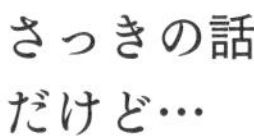

話し合いのタブー2つ

話し合いで絶対にしてはいけないのが、「延長戦」と「場外乱闘」です。

延長戦とは、際限なくズルズルと話し合いを続けること。我が家では夜に話し合いを始めて結論が出ず、ズルズル深夜まで続けた結果、睡眠時間が短くなって翌日に響いた……ということが何度もありました。これでは話し合いがイヤになってしまいます。

場外乱闘とは、終わった後に話を蒸し返すことです。

〈決まらなかった〉〈言い忘れたことがある〉〈話が終わってない〉……そんなモヤモヤが抑えられず、話し合いの後に相手をつかまえて、

「さっきの話だけどさ！」

と、強引に話を再開するのは絶対にやめましょう。

モヤモヤしたら、とりあえず一晩寝る

延長戦も場外乱闘も、コミュニケーションに苦手意識がある「あの人」にとっては恐怖

でしかありません。後々トラウマになったり、強烈な反発の原因になったりするので避けるべきです。

また、「あの人」のほうから持ちかけられるのを予防するためにも、**延長戦や場外乱闘が〝反則〟であることをお互い折に触れて確認**するようにしてください（ちなみに監修の宮尾先生によると、持ちかけてくるのはＡＤＨＤ傾向のある人に多いとのことでした）。

モヤモヤは、一晩寝ればだいたい消えるものです。普段は切り替えが苦手な「あの人」も、環境や条件が変われば行動や態度をガラリと切り替えられることがあるので、機会をあらためたほうが「あの人」にも、そしてあなたにとってもよっぽどお得です。

第6章

話し合いを成功に導くテクニック

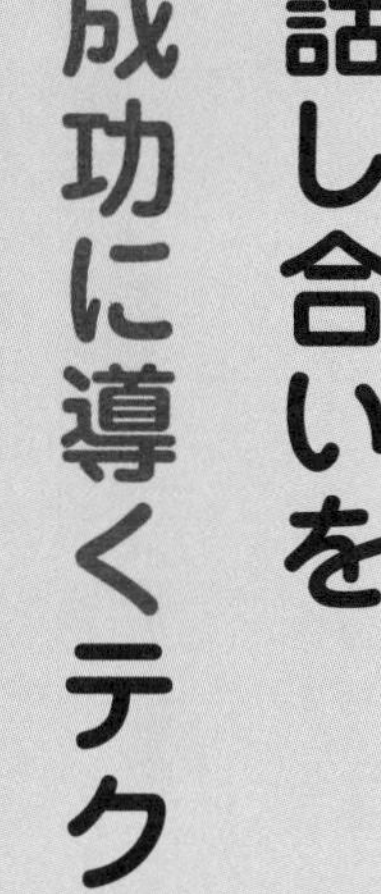

まずはイメージ戦略から
ネーミングは「会議」「ミーティング」で

なんとなく雑談

ネーミングを決める

まずはイメージ戦略から

話し合いは、大げさなようでもあえて「会議」あるいは「ミーティング」と呼ぶのがいいようです（この後は本書でも「会議」をおもに使います）。

「ちょっと話したい」と言われると〈何を怒られるんだろう〉と警戒する人でも、

「会議をしよう」

と言われると抵抗感が少し薄らぐようです。

「意見交換会」「情報共有会」「連絡会」「検討会」などのネーミングもいいでしょう。何をする機会なのか、イメージが浮かびます。

小さなことですが、**これは立派なイメージ戦略です。「会議」なら話し合う場を（それも「一方的ではなく、お互いに発言する場」を）設けようとしていることが伝わります。**見通しをつけるのが苦手な「あの人」が、やることを具体的にイメージできるようになり、「怖いものではない」「冷静な対話の場だ」と感じてもらうための作戦なのです。

「必要なときだけ」では不十分

会議は必ず「習慣化」する

この人に↓

やったり
やらなかったり

定期的に話し合う

7

土曜日
定例会議

月	火	水	木	金	土	日
1	2	3	4	5	6	7
8	9	10	11	12	13	14
15	16	17	18	19	20	21
22	23	24	25	26	27	28
29	30	31				

アポイントをとって定着させる

たまに会議をするだけでは、コミュニケーションをとる習慣がつかず、「じっくり話し合う」姿勢も定着しません。

また、問題が起こったときだけ会議を開く、というのもよくありません。不定期に呼び出されると、相手に振り回されているように感じるものです。

たとえ話すことがなさそうなときでも、「あの人」との会議は必ず開いて、話し合いそのものを習慣づけるようにします。そのためにおすすめしたいのは、アポイントをとっておくことです。

たとえば「毎週土曜日の夜9時」「毎月○日の夕食後」など、日時を決めて、その日は必ず面と向かって話す時間にしてみてください。週に1回、月に1回など、頻度はお互いの都合で決めて構いませんが、とにかく定期開催して習慣化することを目指します。

すぐ前の**48**とも関連しますが、「定例会議」「月例ミーティング」など、定期開催であることを印象付けられるような呼び方にすると、なおいいと思います。

ダラダラ話すのは疲れるだけ

「終わる時間」を決めておく

時間を限っておく

結論が出ないときは次回に持ち越す

ズルズルといつまでも続く会議は、誰にとってもイヤなもの。見通しが立たない状況に不安を感じやすい「あの人」には、なおさら負担です。

定例会議には、前もって時間制限を設けるのがおすすめです。「30分」「1時間」など、**ちょうどいい時間を決めてその間だけ話し合い、定刻になったら必ず終わる、というルール**にするといいと思います。

会議が早く終わるのはOKですが、結論が出ず長引きそうな場合は、そのテーマは次回の会議に持ち越すというルールも申し合わせてください。

関連して、こんな工夫もできます。たとえば会議の時間が30分なら、タイマーをわざと「25分」に設定しておき、25分経過したら残り5分は話を切り上げる準備にあてるのです。こうすると、切りがいいところで気持ちよく終われるでしょう。

51

思いつくまま話すのはNG

前もって「議題」を相談しておく

× その場でテーマを考える

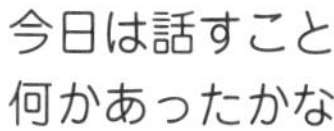

○ 前もって議題を相談

今週は「家計の見直し」について話したい

光熱費と通信費を下げたいと思うので

お互いにできそうな事を考えましょう

話し合いのテーマは事前に決めて伝える

その場でテーマを決めて話し合おうとしても、いい意見は出ないものです。制限時間内で終わるためにも、会議のテーマはあらかじめ絞り込んでおくことをおすすめします。ただし、テーマが多すぎると混乱するので気をつけてください。

会議にかける時間にもよりますが、**たとえば「多くても3テーマ」など具体的な数字で決めておき、会議の前（3日前など、時間に余裕をもたせて）に短い箇条書きにまとめて相手に文章で提案する**といいと思います。

簡潔でわかりやすければどんな書き方でもいいと思いますが、箇条書きにしておくと意見をまとめやすくなり、会議も冷静で無駄のないものにできそうです。

一人でテーマを全部決めないようにする

テーマ決めにあたっては、気をつけたいことがあります。

・一人でテーマを全部決めない

・相手の考えを受け入れる余地を残しておく

この2つです。

たとえば話し合いのテーマを3つ決めるとします。その場合は、話し合いたい2テーマを相手に提案したうえで、「もう1つ議題を追加できるけど、何かある?」と尋ねるといいでしょう。**相手からの提案を盛り込む余白を残すわけです。**

そして最後に、ここまでに書いた決まりをあなたが心がけるだけでなく、「あの人」にも実行してもらえるよう、きちんと働きかけ続けることが大切です。

なんの話をするか念押ししておくのも大事

あとの内容に関連しますが、発達障害・グレーゾーンの当事者は考えをまとめるのに時間がかかることが多いので、会議は2週間に一度くらい行うのが最適ではないかと私は思っています。

しかし、仮にその頻度で会議をするとして2週間前にテーマを決めても、当日までに忘れてしまうことがあるでしょう。

また、発達障害の当事者には「思考をうまく切り替えられない」という特性もあります。話し合い当日、たとえば星のことを考えている「あの人」に、あなたが魚の話をしてもまったく届かない、ということもあり得るので、当日の朝などに前もって「今日は魚の話をします」と伝えて、心の準備をしてもらいましょう。そのほうが、確実に話し合えるはずです。

「横並び」か「90度」で座る

向かい合って座るより

× 正面から向かい合う

横並びか90度で

ことさら向き合わないほうがいい

会議では向かい合わせに座るのが一般的ですが、「あの人」と話をするときは、向かい合わせはやめておいたほうがいいでしょう。

面と向かうと、相手の顔の表情が視界に入ります。表情は刻々と変化するので、「あの人」はその顔の動きに気を取られて頭がいっぱいになり、話を聞く余裕をなくしてしまうことが多いのです。

この本の監修者である宮尾先生は、かつて私に**「顔が見えすぎないように横並びで話すといい」**とアドバイスしてくれました。横並びに座ると表情は目に入りにくくなりますし、資料の共有もしやすいので、ナイスアイデアだと思います。

ただ、距離が近すぎて居心地が悪い、と感じる人もいるでしょう（実は私もそうですが）。また職場だと、同僚と横並びで座るのは不自然であることのほうが多いはず。**私のおすすめは、「あの人」から見て90度の位置に座ることです。**その位置だと適度に距離が空き、のぞきこまない限り顔が視界に入らないのでいい感じです。

資料を用意するだけではダメ

「ながら可視化」で確実に伝える

×　言葉だけで伝える

○　視覚化しながら説明

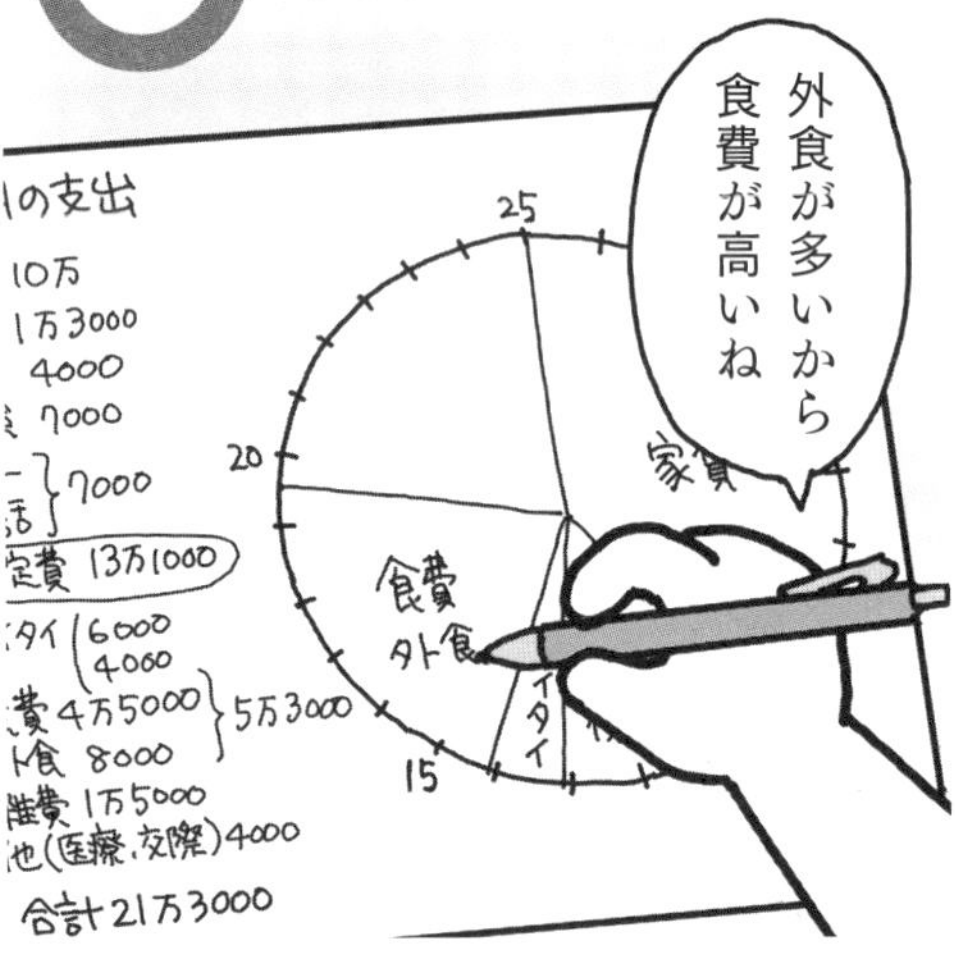

情報を目で見られるようにしよう

視覚化された情報は、誰にとってもわかりやすいものです。

音声だけでなく、図や絵、チャートなどを使って（それが難しいならせめて文章にして）「見える化」しておくと、見た目の印象も強くなり情報が記憶に残りやすくなるので、会議の内容は視覚化して伝えることをおすすめします。

以上のような**「可視化」**の大切さは、一般によく言われていることでもあり「知っている」という人も多いでしょう。

私も夫のアキラさんとの生活のなかでその効果を実感しましたが、**単に「見えるようにする」だけではまだ足りない**ということにも気づかされました。

どんなときに可視化するかという**「タイミング」の問題**もあったのです。見過ごされがちなこの点について、私の体験をもとにもう少し説明させてください。

「見ながら聞く」状態をつくってはダメだった

アキラさんと話し合うときに、私も「見える化」した資料を用意したことがあります。

しかし、思わぬところに落とし穴がありました。

ある日のアキラさんとの会議で、私は数字が並んだ資料を用意しました。そして初めにアキラさんに資料を渡し、見ながら説明を聞いてもらったのです。

ところがあとで確認したら、アキラさんは私の話をまったく理解できていませんでした。しっかりした資料を用意したのに、なぜこんなことが起こったのでしょう?

これは第1章の**7**に書きましたが、発達障害がある人は、2つ以上のことを同時に行う「マルチタスク」(いわゆる「ながら作業」)が苦手です。

私が資料を用意したことで、アキラさんは見ながら話を聞くことになってしまい、結果、彼は資料も話も、どちらも理解できないままになったのでした……。

説明する側が「話しながら可視化する」といい

この失敗に懲りた私は、次の会議では可視化のタイミングを変えることにしました。このときも私が説明する側でしたが、**「話しながら、その場で内容を書いていく」**ことにしたのです。すると、アキラさんに話を理解してもらうことができました。

書きながら話すと、こちらが手を動かしている間は話すスピードが落ちます。図形や絵を描くときは言葉が少しの間とぎれます。だから「見ながら聞く」状態にはなりません。話すスピードが落ちると説明が自然とゆっくり・丁寧になり、言葉遣いや口調も穏やかになります。おかげで、アキラさんは最後まで心を閉ざすことなく聞けたのでした。

また、**まず集中して話を聞いた直後、忘れる間もなくその内容を目から復習できたのも、理解をうながした**ようです。可視化の大切さはよく知られていますが、そのタイミングも大事なんだな～と実感した出来事でした。

なお、監修の宮尾先生によると、文章以外にもチャートや図、イラストなどを使ってA4判で1枚以内の資料にまとめられると理想的だとのことでした。

問題点ばかり話し合うより

「ポジティブな話」を意識的にまぜる

この人に↓

感謝や愛情を意識的にまぜて話す

第3章の20で、過去のことに触れて何度でも「ほめる」ことの大切さを書きました。そのテクニックは話し合いの席でも有効です。前向きな話や相手をほめる言葉を、意識的に多用するのです。たとえば、

・「あの人」にしてもらって嬉しかったこと

職場で同僚に対して、「あのときは代わりに電話対応してくれて、本当に助かったよ！」など

・「あの人」への感謝の気持ち

パートナーに「あの日は雨が降っていたのに買い物に行ってくれて、どうもありがとう！」など

と言い添えるくらいなら、わりと簡単にできそうです。

夫婦間なら、ときには意識的に愛情を「あの人」に伝えてあげると、効果絶大です。

あなたから「あの人」に何か要望する場合も、「～しないでほしい」「〇〇をやめてほし

い」などのNG指令（第2章の9参照）にならないように、ちょっとだけ気をつけてください。

NG指令ではなく、

「～すると、もっとよくなる」

「○○をすると健康になれる」

といった肯定的なOK指令で伝えたほうが、聞き入れてもらいやすくなります。

ポジティブな話題がないなら「中立」で

会議の場でネガティブな発言ばかりがくり返されると、意欲がしぼんで心も閉じていきます。

これはなにも「あの人」に限った話ではなく、誰でもそうではないでしょうか。**閉じてしまった心にどんなに強く訴えても、伝えたいメッセージは届きません。**そのままでは、せっかくの会議が無駄になってしまいます。

「あの人」をほめる・おだてる、あるいは「あの人」に感謝する、といったことに抵抗がある……という人もいるでしょう。

でも、**喜ばせて相手の心を開き、そこへ確実に「伝えたいこと」を投げ込んだほうが、効率はいい**のです。戦略だと割り切って試してみる価値はあります。

〈ポジティブな話題が思いつかない！〉という場合も、ネガティブな話題から話を始めることだけは避けたほうが賢明です。

まずは来週、あるいは来月の予定を「確認」するなど、中立な話題で会議を始めてみるといいと思います。

55

じっと目を見るのではなく
「ほどほど」のアイコンタクトを

この人に↓

✕ 目をしっかり見る

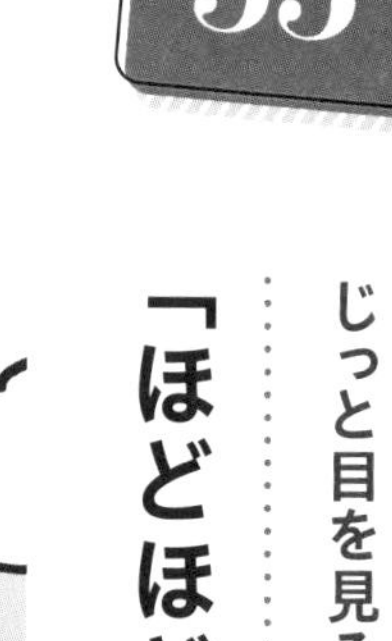

○ ときどき顔を見る

「目を合わせる」にこだわらない

「あの人」との会議では、目が合うかどうかにはこだわらず、アイコンタクトは「ほどほど」に留めておきましょう。そのほうが、きっと話し合いがうまく進みます。

「相手の話を聞くときは、目を見なさい」としつけられて育った人も多いでしょう。私も〈目を見て話すのが正しい〉〈目を合わせたほうが、気持ちが伝わる〉と思って生きてきましたが、アキラさんと結婚してから、考えが変わりました。

アキラさんは、**真っすぐ目を見つめられると緊張して硬くなってしまい、何も言えなくなる人だったのです。**

そんなこととは知らず、話し合いのときに伝えたいことがあると、私はアキラさんの目をじっと見るようにしていました。そのせいで、どれだけ時間を割いても話が通じず、ひどく苦労したおぼえがあります。

これは本書を監修してくださった先生方から聞いた話ですが、無理に目を合わせると〈攻撃されている〉と誤解する「あの人」もいるそうです。だからアイコンタクトはしすぎないほうがいいのですが、かといってゼロ（まったく目を合わせない）にしてしまうと、今度は「あの人」が誰と・何の話をしているか見失ってしまうことがある、とのこと。

ですから、**目ではなく、「顔を合わせる」**つもりで、ときどき柔らかい表情で「あの人」に視線を向け、うなずきながら、ついでにちょっと目を合わせる……といった程度にしておくのがいいそうです。

スキンシップも取り入れて

いい雰囲気を保ちながら「あの人」とコミュニケーションをとる方法には、いろいろなものがあります。

たとえば、話すときの瞬き（まばたき）や、話に応じてする「うなずき」のリズムを、意識的に相手と合わせてみましょう。そんなふうにしぐさを同調させるだけで、何も言わなくても「あの人」にとって話しやすい環境ができていきます。

また、アイコンタクトだけが気持ちを伝える方法ではありません。相手に触れる、つまりスキンシップをとるという手もあります。

夫婦など、相手と親密な間柄で、もし「あの人」が嫌がらないようであれば、ソファに横並びに座って少し手に触れてあげたりすると、緊張がほぐれて友好的に話し合えるかもしれません。

座っている場合は左のイラストの半円形の印のところがパーソナルスペースです。それより内側に近寄っても嫌がられなければ、関係はおおむね良好と考えていいでしょう。

選択肢を絞って問いかけてみる

「どう思う?」では答えられない

自由回答の問いかけ

選択制で問いかけ

理由を尋ねると「イライラする」人もいる

一般に、相手への問いかけには次の2つの形式があるといわれています。

①オープン・クエスチョン

「なぜ?」「どう思う?」など、相手に自由に答えてもらう形式

②クローズド・クエスチョン

「AかBか、どちらがいい?」のように、限られた選択肢のなかから選んでもらう形式

日常生活では①もよく使われますが、「あの人」との会議のときは避けたほうがいいでしょう。なぜなら「あの人」は、オープン・クエスチョンに答えるのが苦手だからです。

たとえば私の夫のアキラさんの場合は、①の形式で「どう思う?」と問いかけると、自分がどう思っているのかがわからなくて答えられなかったと、本人から聞いたことがあります。

選択肢を絞っておく

「あの人」との会議では、前ページの②のクローズド・クエスチョンを利用するほうがおすすめです。つまり、選択肢で問いかけるほうがいいのです。

理想的なのは二択で答えられる質問でしょう。

たとえば、夕飯の献立を相談しているとします。「あの人」に何が食べたいか聞くなら、「晩ご飯はなにがいい？」ではなく、

「肉にする？　それとも魚にする？」

のように二択で問うのがベストです。監修の宮尾先生には取材の際、

「選ぶのが難しくなるので、選択肢は2つまでがいい。三択になると比較の対象になる部分が増えるので、迷って答えられなくなる」

と教えていただきました。

ときには、「和食か、洋食か、中華か」といった三択で尋ねるしかないときがあるかもしれませんが、なるべく選択肢は絞ったほうがよさそうです。

候補を絞った「セミオープン」な問いかけもあり

とはいえ世の中には、たとえば「感想」や「思い」など、クローズド・クエスチョンでは尋ねにくいこともあります。

そんなときは、あなたが「あの人」の気持ちや思考を予測して、

「〇〇だと思ったのかな？」

と質問する手があります。これなら「はい・いいえ」の二択で答えられますし、答えを受けてさらに、「それはつまり、××ということ？」と質問を重ねれば、対話が進み、答えに近づけるかもしれません。

応用として、先ほどの献立の例でいうと、

「麺が食べたいなら、うどんかパスタにしようと思うけど、他にもあるかな？」

と、候補を提示したうえで自由回答もできるようにする**〝セミオープン〟な問いかけ（ここでは「他にもあるかな？」）をするという方法もあります。**

このセミオープン・クエスチョンでもオリジナルな返事を「あの人」から引き出すのは

できないことのほうが多いのですが、とはいえ、〈無理に決めさせられた〉〈選択を強制された〉という不満を「あの人」が抱くことはなくなるでしょう。

（なお、セミオープンとは「半分だけオープン」くらいの意味で、「セミオープン・クエスチョン」はわかりやすくするために仮につくった造語です）

クローズド・クエスチョンのメリットとは

クローズド・クエスチョンには、いろいろなメリットがあります。

「答えやすい」のはもちろん、問う側が選択肢を絞っておけば、「あの人」を望ましい答えへと導きやすくなるのもいいところです。

さらに、誘導されているにもかかわらず、答えの選択自体は「あの人」自身がするので**〈自分で決めた〉という自覚が生まれ、結果、決めたことが守られやすくなります。**他人が決めたことは無視できたとしても、自分で決めたことならそれなりに納得して実行する可能性が高くなります。

絶対にやってはいけないのは、オープン・クエスチョンで「どうする？」と問いかけておいて、相手の答えを待たずに「じゃあ、〇〇でいいよね」と、質問した人が一方的に決めてしまうことです。

「あの人」は「うん」と言うかもしれませんが、内心まったく納得していないので、約束したことを守りません。それが後々、もめごとの種になることもあるでしょう。

次節に書きますが、選択肢を用意してもなお「あの人」が答えに迷う場合は、ぜひ「期限を決めて待つ」を試してみてください。

3日以上「考える時間」を与える

× 結論を急ぐ

そういうことでいいよね!?

う…う〜ん

○ 猶予を設ける

返事は来週の会議で聞かせてくれればいいからね

ホッ

一方的に決めてはいけない

議題を絞って話し合っても、結論が出ないまま会議が終わることもあるでしょう。どうすればいいでしょうか。

たとえば夏の旅行の行き先について会議をしたとします。「あの人」から行きたい場所が出てこないときは、**まず、あなたが発言して考える範囲を狭めてみてください。**具体的には、「暑い季節だから、涼しいところがいいよね」などと伝えてみるわけです。

それがきっかけで「あの人」の口から、「じゃあ、北海道かな」といった意見が引き出され、お互いに意見をすり合わせて結論に持っていければ問題ありません。

しかし、考える範囲を狭めても意見が出ず「あの人」が考え込んでしまう……ということもあるでしょう。

このとき、「あの人」が何も言わないからといって、「希望がないなら、北海道で決定！」なんて強引に決めてはいけません。会議の意味がなくなります。

フェアに決めるためには「考える時間」を必ずとるべきですが、「あの人」が決めかねているときは5分や10分ではなく、もっと気長に待つほうが賢明です。

3日～2週間の猶予を

発達障害がある人のなかには、問いを理解し回答を出すまでに、長い長い時間を要する人もいるそうです。もし「あの人」が返答に迷っていたら、**少なくとも3日、最大で2週間は考える時間を提供しましょう。**これは本書の監修者・宮尾先生のアドバイスです。

〈2週間もあくと、「あの人」が何を尋ねられていたか忘れてしまいそう〉と心配になった人は、たとえば、

旅行の行き先　↓　○月×日の会議で回答

など、課題と回答期限を書いた紙を目に付くところに貼っておくとか、あるいは議事録（次節を参照）に記録して質問を見なおせるようにするといいでしょう。

そのうえで、できれば期限の3日前、あるいは4日前などから、「そういえば、家族旅行の件だけど……」などと、あなたのほうからそれとなく話を振って思い出させると、「あの人」の意見をうまく引き出せるかもしれません。

「あの人」から回答を引き出す方法（一例）

①期限を決める
たとえば1週間後の会議までに返事することを「あの人」と相談して決め、さらに紙に書くなどして見えるところに貼っておく

②思い出させる
当日いきなり返事を求めるのではなく、「あと×日で返事の日だよ」と、たまに声をかけて「あの人」が忘れないようにする

③返事を聞く
約束の日になったところで、「あの人」に返事を求める。それでも返事がないときは、その場で選択肢を出して決めてもらう

話して終わり……ではなく いつでも見られる「議事録」を残す

記録して共有する

文字に残してまとめておくのが大事

相談して決めたことを忘れないために、そして「言った／言わない」で対立するのを防ぐために、記録は欠かせません。会議で話し合ったことは、必ず文字に書き残します。

職場なら議事録を残す決まりがあるでしょうが、家庭だと「面倒だから省略！」となりがちなので、要注意です。

記録媒体は、共有しやすいものなら何でもいいと思います。

- **パソコンの文書ファイル**
- **Googleなどのスプレッドシート**
- **スマホのアプリ**

などなど、無料で使える便利なツールがあるので、好きなものを利用してください。

ほかにもＬＩＮＥなど、複数名でコミュニケーションでき、その内容を残しておけるアプリを使って「議事録」という名称のグループをつくり、会議の結果だけを投稿する、という方法も考えられます。

オーソドックスに紙のノートを使うのも、もちろんＯＫです。
紙媒体は、拾い読み、流し読みなどいろいろな読み方ができるので、話の長期的な流れをザックリつかみたいときに便利です。タグや付箋を貼ってインデックス化することもできます。

文字で記すだけでなく、写真や、会議で使った図なども議事録に載せておくと視覚的に記憶が呼び起こされるので効果的です。

結論が出ないまま会議が終わってしまった場合でも、議事録があれば相談の途中だった議題を思い出しやすくなるので便利です。

「あの人」の言い分の背景にあるもの

発達障害・グレーゾーンの当事者はときどき理屈に合わない説明や言い訳でその場を切り抜けようとすることがあります。本書は第１章で「不安」について言及していますが、実はこの言動の背景にも不安があるのです。

たとえば、あなたが伝えていたはずのことを、ＡＳＤの人が「自分は聞いていない」と言い張ったり、「君があれこれ言うからできなかった」と、後出しの言い訳をすることもあります。

実はこれは、「あの人」が言われたという事実自体を忘れていたり、あなたの意図や意味が推論できないために焦り、その不安から、〈とにかく応答しよう〉と、何とか言葉を捻り出しているだけなのです。

本人は焦らされ、不安にさせられ、挙げ句にウソを言わされたと被害者感情を抱いているのでどんどん謝れなくなっていきます。

このような背景と心理がわかると、当事者の言葉を少し違って受け取れるようになるかもしれませんね。

話し合いのネーミングについてもう少し

ＡＳＤの当事者のなかには、「飲み会や妻との会話より、会議のほうがマシだ」という人もいるくらいなので、どう名付けるかは大切です。

「振り返り会」のような名称にすると、「失敗を振り返る会」と誤解されるかもしれないので、たとえば「改善ミーティング」など、前向きな言葉を使ったほうがいいかもしれません。

なお、一口に「会議」といっても、人により参加のしかたは様々です。消極的な人にとって、会議は「指名されたら用意している資料を読み上げる」場かもしれません。論争好きな人は「相手を論破する場」だと考えていることもあるので、「ミーティング」といったような、軽めで相手がのってきやすいネーミングを選ぶことを私はおすすめします。

第7章

がんばっている「あなた」へのヒント

「あの人ファースト」はやめて、「自分ファースト」に

〈トラブルにならないように〉
〈恥をかかないように〉
〈間違えないように〉
と、「あの人」が失敗しないように、何でも先回りして考える癖がついていませんか？
「あの人」が子どもなら、そういった心配りがまだ必要かもしれません。
でも「あの人」が大人なら、そこまであなたが代わりに考えてあげなくていい。
そんなことを続けていたら、あなたが消耗してしまいますから。

〈四六時中「あの人」を助けたり、「あの人」がわかっていないことを毎回ていねいに教えてあげたりする必要はない〉と思い直してください。

人が使えるエネルギーや時間には限りがあります。

自分の気力、体力や時間に余裕がないときは「あの人」のために使わなくてもいいし、むしろ自分自身のために使うことを優先してください。

自分を犠牲にしてはいけません。

余裕があるときに「あの人」に手を貸そう、手助けしよう、という感じでいいのです。

使えるかどうかは別として、知識は多いほうが役に立つ

人付き合いのノウハウを紹介する本や記事は、いつの時代もたくさんあります。

この本もそのひとつと言えます。

そこで勧められていることを実際に試して、「効果がなかった」なんて経験をしたこともあるのではないでしょうか。

でも、「これは自分には対応していない」とわかったこと自体は、ひとつの収穫と言えます。だから、〈何を知っても役に立たない〉と、知識を得ることをやめてほしくはありません。

多くの情報に触れて、使える〝手札〟を増やしておき、状況に応じてアレンジしたり、別の方法を試してみたり、と前向きに取捨選択していくといいと思います。

あなたが努力しても、「あの人」が変わるまでには時間がかかります。
結果を急がず、少し気長に構える覚悟も必要かもしれません。
「休みながら前進」という気持ちになれたら、ちょっと楽になれると思います。

61 後始末は「あの人」が自分で。あなたが代わりにやってはダメ

「あの人」が失敗したときや、トラブルを起こしたとき、あなたがフォローや後始末に奔走することが多いと思います。

でも、大人なら自分の失敗は自分自身で後始末するのが大原則。

あえて手を貸すのを控えて、「あの人」にできることは本人に任せることも必要です。

助けを求められたら、アドバイスをするにとどめて、最終的には自分で責任をとってもらうように誘導してもいい。

たとえば「あの人」が誰かの物を壊してしまったなら、

「頭を下げてていねいな言葉で真摯（しんし）に謝罪する」

「同じ物を買って弁償する」

「相応の金額を支払って償う」

など、責任のとり方をいくつか提示して、そのなかから選んで実行してもらいます。

もし「あの人」が相当へこんで落ち込んでいたら、二度とこんな思いをしないためにどうすればいいのか、助言してあげてください。

失敗したときこそ、「あの人」が変わるチャンスなのです。

62 あなたを苦しくさせる言葉はすべて「雑音」

「あなたがしっかりしないと」

「もっと優しくしてあげたら？」

「そのくらいのことで怒らなくても」

などなど、周囲の人があなたに対して〝善意で〟意見してくることがあると思います。

ただでさえ日々の悩みがあるところにそう言われると、

〈私の頑張りが足りないんだろうな〉

と、自分を責めがちになります。

その発言の主は、あなたに手を貸してくれる人ですか？

口出しするだけだったら、そんな人の言葉は無視してください。そういう人は、困っているあなたに先輩面してアドバイスした気になっているだけです。

〈知らないくせにわかったようなことを言うな〉と心の中で斬っていいですよ。

あなたは、あなたのことを心配してくれる人や力になってくれる人の言葉だけ聞いてください。

そういう人もきっといるはずです。

ときには第三者や専門家に助けを求める勇気を

自分一人で解決しようと思わずに、誰かの力を借りることを考えてほしいです。

たとえば、「あの人」との話し合いがどうしても成立しない場合、友人や親族など身近な人に立ち会ってもらうとか。

第三者が同席することで「あの人」が「外モード」に切り替わり、冷静な話し合いができる可能性が出てきます。

あるいは、「あの人」の言動であなたの心が削られているなら、カウンセラーや医師、弁護士など、専門的な知識・技能をもった人に話を聞いてもらうとか。

自分の抱えている思いや悩みを他人に打ち明けるのは、勇気がいることです。

〈些細（ささい）なことかもしれないのに、悩んだりして恥ずかしい〉

〈理解してもらえない気がする〉

など、不安にもなります。私がそうでした。

でも、自分の悩みを言葉にして出すだけでも、新しい発見が必ずあります。

自分の中に押し込めている言葉を思い切って出してみてください。

自分を癒し
自分の心と向き合う時間をつくる

あなた自身の心身の健康を、ないがしろにしないでください。

まずはゆっくり眠れるように、時には医療の手を借りて。

心を健やかに保つために、自分の世界を取り戻したり、新しく作ったりしてください。

昔からの趣味、新しい習い事、サブスクで映画、すきま時間のゲーム、推し活など、束の間普段の自分の役割を離れて楽しめることなら何でもいいと思います。

そうして自分をいたわることで、削られた気持ちを少しでも取り戻してください。

つぎに、少し元気になったらぜひやってほしいこと。

あなたにとって「一番大切なもの」はなにか、考えてみたことはありますか？

子ども？　仕事？　趣味？　お金？　ペット？　今の生活？　選択肢は多いですね。

「常識的にはこう」ではなく、あなた自身が何を守りたいのか、そのためには何をすればいいのか、考えてみてください。

すると「自分らしいあり方」の答えを見つけられると思います。

いざとなったら逃げてもいい。それもまた生存戦略

〈どうしてもつらくてもう限界……〉そうなったら、「逃げる」選択をしてもいいのです。

別居や離婚、職場なら異動を願い出たり転職したり、距離をおくことで劇的に状況が改善することもあります。

とはいえ、わかっているけど踏みきれないという方は多いでしょう。

〈なぜ、悪くない私が逃げなきゃいけないのか〉

〈ここまで頑張ったのだし、いまさら逃げるのはくやしい〉

そう思うかもしれません。

でも、あなたが元気に人生を楽しめることが一番なので、このままではそれは無理だと感じたら、「逃げる」選択肢もあるのだと心に留めておいてください。

今すぐ逃げろと言っているわけではありません。

いざというときの選択肢があると思うだけでも心強くなれるものです。

「逃げる」は、新しいスタートを迎えるということ。

「あきらめる」は、とらわれから自由になるということ。

逃げる（あきらめる）選択をしたとしても、罪悪感やうしろめたさを覚えることなく、あなたの心が平安でありますように。

監修者あとがき　苦労の結晶が穏やかな毎日につながることを祈って

宮尾益知

この本の原稿を読み進めていくうちに私は、〈ツナさんも、ずいぶん離れたところから相手（「あの人」）を見ることができるようになったなあ〉と、胸が熱くなりました。「あの人」が親しい人であればあるほど、細かいことが気になるのが人間というもの。お互い細かいことにとらわれて冷静さを失い、ともすればドロドロになりがちな人間関係を、ツナさんはネコと他の動物たちのエピソードとして表現しました。

そのうえで彼女は、「頭にくるけど、どうしよう」「どう伝えたらいいだろう」と迷い、でもなす術（すべ）がなく、たいていの人が目をつぶる、数々の「よくあるトラブル」への対処法をまとめています。これなら「あの人」との関係に疲れた読者でも、穏やかな気持ちで、わかりやすく、かつ客観的に読めるのではないでしょうか。

本書はツナさんの苦労の跡が光り輝いて見える一冊です。かつての彼女と似た境遇にある読者に、ほっとできる毎日をもたらす作品となることを祈りつつ、筆をおきます。

監修者あとがき　**関係改善のスタートラインに立つために**

滝口のぞみ

第1章にもありましたが、ASDがある、またはASDの可能性が高い「あの人」は、いつも不安な状態で過ごしています。職場や家庭という「他者との協調や共感」が求められる複雑な対人場面では、意図せずしたことや、意図せずしなかったことを批判されたり要求され、「あの人」は攻撃的になったり防衛的になったりします。

もしあなたが、職場で「あの人」と一緒に働く立場の人なら、不安を少しでも減らして、安心して働けるように、本書を役立ててください。

あなたがパートナーの場合は、「あの人」との関わりのなかで傷ついたり、徒労を感じたりしたことがきっとあるでしょう。

関係改善のために「あの人」の側からの努力が必要なのは確かですが、改善のスタートラインに立つためには、「あの人」が安心して、あなたと向き合えるようになることがカギになります。そのためのヒントとして、この本が活用されることを願っています。

あとがき

実はこの本は、過去の私に向けてつくりました。

「過去の私」というのは、夫であるアキラさんの言動が理解できず、話し合いもできず、困って怒って悩んでいたころの私です。

アキラさんがASDとわかったころ、私は、「こうしてあげましょう」という指導やアドバイスをたくさん受けました。

どれも参考になりましたが、それでもいつしか、〈私が夫の療育をするの？〉〈私だけが我慢して、夫に合わせるしかないの？〉と感じるようになり、どんどん追い詰められていったのです。

今、当時を振り返ると、「自分のためにできること」をもっと探せばよかったと感じています。

「私が我慢してサポートする」ではなく、「私自身が楽になるため」にうまく機能するシステムを見つけられていたら、私も夫も、もっと生きやすかったと思うのです。

本書は指導書ではありません。

あのころの私が求めていた、「あの人」と共生するコツを集めたものです。

少しでも、悩んでいる人の力になれれば嬉しいです。

最後になりましたが、ご多忙ななか監修を引き受け、くり返し原稿に目を通し、数々のアドバイスをくださった宮尾益知先生、滝口のぞみ先生、ありがとうございました。

第3章の**23**で紹介した「パワートーク」を教えてくださったのは、視覚発達支援センターの柳下記子（やぎしたのりこ）先生です。自己紹介のテクニックとして先生の本で紹介されたものをアレンジして収録しました。柳下先生、そして長期にわたり執筆を支え、見守ってくれたスタッフの皆様にもお礼を申し上げます。

本書を手に取ってくれたあなたにも、心から感謝します。

２０２４年５月

野波ツナ

｜著　者｜野波ツナ（のなみ・つな）
東京都生まれ、漫画家。少女漫画アシスタントなどを経て青年誌でデビュー。発達障害がある夫・アキラさんとの日常を綴った「旦那(アキラ)さんはアスペルガー」シリーズ（コスミック出版）は、累計20万部に達する話題作となった。他の作品に『うちの困ったさん』（リイド社）などがある。

｜監修者｜宮尾益知（みやお・ますとも）
東京都生まれ。徳島大学医学部卒業後、東京大学医学部小児科教室、自治医科大学小児科学教室、ハーバード大学神経科、国立成育医療研究センターこころの診療部発達心理科などを経て、2014年に「どんぐり発達クリニック」を開院。専門は発達行動小児科学、小児精神神経学、神経生理学。発達障害の臨床経験が豊富で、『発達障害と人間関係』（講談社現代新書）、『発達障害の悩みに答える一問一答』（河出書房新社）など多くの著書・監修書がある。

｜監修者｜滝口のぞみ（たきぐち・のぞみ）
東京都生まれ。青山学院大学卒業後、白百合女子大学大学院博士課程修了。博士（心理学）、臨床心理士、公認心理師。帝京平成大学大学院准教授を経て、現在は「青山こころの相談室」代表、おもに成人の発達障害の当事者とそのパートナーへのカウンセリングを行う。『「空気が読めない夫と突然キレる妻」の心理学』（大和出版）、『夫がアスペルガーと思ったとき妻が読む本　増補改訂版』（宮尾益知との共著、河出書房新社）など著書多数。

発達障害・グレーゾーンの
あの人の行動が変わる言い方・接し方事典　　こころライブラリー

2024年 6月25日　第1刷発行
2024年 7月22日　第2刷発行

著　者　野波ツナ
監修者　宮尾益知　滝口のぞみ
発行者　森田浩章
発行所　株式会社講談社
東京都文京区音羽二丁目12－21　郵便番号112－8001
電話番号　編集　03－5395－3560
販売　03－5395－4415
業務　03－5395－3615

印刷所　株式会社新藤慶昌堂
製本所　株式会社国宝社

KODANSHA

ISBN978-4-06-536110-8
N. D. C. 143　270p　19cm

関連書籍の紹介

発達障害がある人のための

みるみる会話力がつくノート

柳下記子【著】　野波ツナ【漫画】

SSTの手法で上手に会話するスキルが
身につく8つのレッスン。
全ページ漫画でスイスイ読めます

ISBN978-4-06-259711-1

発達障害がある子の
会話力がぐんぐん伸びる

おうち療育をはじめよう!

柳下記子【著】　野波ツナ【漫画】

あいさつ、気持ちの推測、自制など、
子どもに身につけさせたい
生活スキルの教え方を漫画で解説

ISBN978-4-06-524642-9

電子版も好評配信中!